Oscar poesia del Novecento

For Dale,
   A poet of and for
the ages.

Vivian Lamarque

Poesie

1972-2002

Introduzione di Rossana Dedola

OSCAR MONDADORI

© 2002 Arnoldo Mondadori Editore S.p.A., Milano

I edizione Oscar poesia del Novecento ottobre 2002

ISBN 88-04-51053-6

Questo volume è stato stampato
presso Mondadori Printing S.p.A.
Stabilimento NSM - Cles (TN)
Stampato in Italia - Printed in Italy

Ristampe:

3   4   5   6   7   8   9   10   11

2004   2005   2006   2007

www.librimondadori.it

Dalla poesia innamorata all'elegia dell'albero
di Rossana Dedola

Conoscendo la madre, la sezione che apre *Teresino*, la prima opera
pubblicata da Vivian Lamarque nel 1981, dà l'avvio a una autobiografia (definita dall'autrice «feuilleton») che muove da un evento trauma-
tico avvenuto all'età di nove mesi: «A nove mesi la frattura / la sostituzione il cambio di madre». Il complesso «romanzo familiare», che le
ha lasciato in consegna ben tre cognomi, uno della famiglia naturale
(di autorevoli pastori valdesi) e due di quella adottiva, si apre con l'e-
sperienza del «cambio di madre» e del proprio luogo d'origine: «Valdesina trascinata per una mano / giù fino a Milano / appena appena finito Natale / zitta guardava attorno / il nuovo presepe / la nuova
mamma». Tesero, il paesino dove Vivian è nata, sparisce e viene sosti-
tuito da Milano. Il titolo della raccolta, quasi anagramma del nome
del paese natale, richiama però alla memoria anche Terezin, il campo
di concentramento nazista riservato ai bambini.

Di *Teresino* Vittorio Sereni sottolineò «l'intelligenza del cuore» e i
«repentini rovesciamenti di fronte per cui a volte due versi in chiusura
di una cantilena quanto mai puerile arrivano imprevisti come una col-
tellata». Ma il primo lettore di Vivian Lamarque è stato Giovanni Raboni: «C'è da restare a bocca aperta davanti alla misteriosa semplicità,
all'eleganza impalpabile e tuttavia quasi feroce di queste poesie».

Teresino presenta una cornice particolare che fa da *trait d'union* alle singole sezioni, che comprendono poesie scritte dal 1972 al 1980: si
tratta di otto epigrafi tratte dalla fiaba di Charles Perrault *Le Petit
Poucet*. L'ultima citazione con cui si chiude il libro, «Ils coururent
presque toute la nuit, toujours en tremblant et sans savoir où ils allaient», si riferisce al momento in cui Pollicino e i suoi fratelli si allon-
tanano di corsa dalla casa dell'Orco che ha appena tagliato la gola alle
proprie figlie scambiandole per i fratellini. Racchiusa all'interno di
una vicenda di abbandono e di fuga da una casa che invece di acco-
gliere i bambini si è rivelata pericolosissima, la raccolta tralascia dunque il lieto fine di Perrault.

Secondo Vilma De Gasperin (intervento al convegno *Poetry in Italy in the 60s and 70s*, Londra, 12 ottobre 2001), la fiaba francese agisce però anche nella costruzione del testo scandendone i diversi momenti: nella sezione *L'amore mio è buonissimo* l'illusione di poter cancellare la ferita del passato costringe la persona adulta nella condizione impotente della bambina che chiede di essere amata; da questa dimensione infantile vengono le richieste, gli appelli, un bisogno d'amore e di attenzione insaziabili. Nell'altro viene ricercata una rispondenza assoluta, all'amore mio è demandata una funzione materna di nutrimento e di accudimento che l'io non è in grado di assumere su di sé. *Il tuo posto vuoto* rivela la difficoltà di questo tentativo segnando un'ulteriore esperienza di separazione. La sezione *Poeti* coincide con l'arrivo di Pollicino nella casa dell'Orco; qui l'amore è vissuto come totale dipendenza e sottomissione, come condizione non libera da cui può nascere solo una «poesia illegittima».

Tutte le tappe della vita, l'innamoramento, il matrimonio, la maternità sono contrassegnate dalla perdita originaria (cui si aggiunse, già tre anni dopo, la morte improvvisa del giovane padre adottivo) che reclama ancora a sé tutta l'energia vitale e costringe a un feroce e ossessivamente ripetitivo gioco del cucù per capire dalla reazione che si suscita negli altri se si esiste. La mancanza di rispecchiamento ha fatto precipitare in un mondo basso in cui i gesti degli adulti paiono come compiuti da giganti; l'inadeguatezza porta la donna adulta ad affiancarsi ai veri bambini reclamando, fuori luogo e fuori tempo, attenzione («Prendimi a cuore / dimmi di mangiare / potrei dimenticarmene / o cadere dalla seggiola / al primo segno di disinteresse»; «Levati bambina / Non vedi che mi attacco al vetro / Che fra un minuto casco / Gioca più in là a mamme»). Il plurale «mamme» ribadisce la presenza di una pesante doppia realtà che si ritrova anche nell'apparentemente più giocosa poesia della raccolta: «Il primo mio amore il primo mio amore / erano due». Non si tratta dunque solo dei due gemelli amati nell'adolescenza.

Le tre raccolte successive, *Il signore d'oro*, *Il signore degli spaventati* e *Poesie dando del Lei* sono dedicate al dottor B.M., l'analista junghiano di Vivian Lamarque, e pongono al centro l'esperienza analitica. Anche *Il piccolo Berto* (1929-31) di Umberto Saba ha come dedicatario lo psicoanalista con cui il poeta si era sottoposto a un trattamento, Edoardo Weiss. L'analisi ha permesso a Saba il recupero di un contenuto inconscio rimosso, l'approdo al seno «di colei che Berto ancora / mi chiama»; eliminando la rimozione che impediva a tale contenuto di divenire conscio, ha rivelato il grande dolore per la perdita di una figura materna molto amata, la balia, e insieme la perdita di sé come bambino. Nel componimento *Berto*, la comparsa del bambino timido e goffo è accompagnata da un ricordo preciso: il piccolo Berto «calze portava di color celeste».

Più che recuperare ricordi dell'infanzia rimossi, la trilogia di Vivian Lamarque affronta invece il problema del transfert: il rapporto con l'analista viene posto in primo piano, e di primaria importanza risultano anche le esperienze vissute nel presente dell'analisi e nell'attualità della propria storia personale. Il punto di riferimento teorico non è più, come in Saba, la teoria freudiana, ma la psicologia analitica junghiana, la quale cerca di cogliere l'orientamento attuale della personalità, rifacendosi naturalmente anche alla storia infantile, ma per inserirla in una prospettiva e in una direzione future.

Il signore d'oro si apre con *Il signore mai* che riprende il tema affrontato nella sezione *Poeti* di *Teresino*: non poter condividere, essere esclusa dalla vita della persona che si ama: «Era un signore bello e meraviglioso. / Vicino a lui non si poteva stare sempre sempre, bensì mai. / Lui, il Lontano, viveva dispettoso, con la sua famiglia, / in un altro luogo». Il legame transferale permette di esprimere pienamente tale sentimento, di trasformarlo in simboli vitali senza tuttavia passare all'atto: tutto è assorbito dalla vicenda del transfert, nell'esperienza di innamoramento, di idealizzazione e di sogno che l'accompagna. Il dottore è appunto un «signore d'oro», ma solo nel cinquantaquattresimo componimento ne viene precisata la natura aurea; al suo confronto gli altri signori risultano «signori pallidi, opachi». I corsi dei fiumi vengono deviati, i fondali scandagliati, ma i signori che affiorano brillano poco. La deviazione del fiume, che allude a un allontanamento dallo scorrere naturale dell'esistenza, svela un affanno nevrotico non più in grado di adattarsi al flusso vitale, né di riconoscere il proprio oggetto d'amore che sembra essere a portata di mano, ma non viene trovato. Sempre più chiaro diventa il tipo di rapporto che unisce il signore e la signora: è il materno buono (la madre «sufficientemente buona» di Winnicott) con cui cercare ossessivamente un contatto, attraverso gesti minimi, regalini, pensierini ma «millissimi» come quelli di un bambino.

L'idealizzazione del transfert arriva addirittura a collocare l'analista su un trono; dal basso delle scale d'oro la signora gli fa dei «piccoli inchini di pensiero»; eppure, anche se lo guarda dal basso, la protagonista femminile si sente spinta verso l'alto, vorrebbe salire anche lei sulla poltrona dell'analista per unirsi a lui, fondersi con lui. La tensione verso l'unione sembrerebbe voler riallacciare il legame che si è spezzato all'inizio della vita. In *Il signore e la bambina* si fa largo la sensazione di una nuova appartenenza («Chinatosi, qualcosa da terra raccoglieva: / Che cosa? / Credo una foglia, oh no era una microscopica bambina: / [...] Dopo la cullò, come il vento una fogliolina»), di un legame sovrapersonale che lascia intravedere un'altra possibile immagine di sé, non più la bambina passata da una madre all'altra, ma la figlia del mondo.

La presenza di numerose proposizioni interrogative mette allo scoperto l'incessante bisogno di conferme, di dialogo; si tratta in realtà di pseudointerrogative che sembrano avere la funzione non tanto di ottenere una risposta, quanto di mantenere vivo il dialogo, il legame che la comunicazione stabilisce, privilegiando dunque la funzione fàtica del discorso.

Marosia Castaldi aveva notato che il linguaggio della Lamarque «si struttura attraverso la creazione di unità linguistiche inusuali per cui il nome (il sostantivo) non si definisce mai da solo ma in quanto accompagnato da elementi grammaticali di relazione: preposizioni, avverbi...». L'autrice sembrerebbe orientarsi così verso una modalità espressiva più affine alla lingua inglese che a quella italiana, che le consente di nominare il signore come «signore mai» (*never man*) o «signore non» (*no man*). Si potrebbe aggiungere che questo modo di parlare appare vicino al linguaggio infantile in cui l'avverbio sta per l'intera frase, come hanno dimostrato gli studi di grammatica generativa. Anche la giustapposizione dei tempi verbali richiama il linguaggio delle fiabe, il «detto fatto» che permette all'incantesimo dell'invenzione fiabesca di saltare o di scavalcare, come se si calzassero gli stivali delle sette leghe, tutti gli avvenimenti che si frappongono tra passato e futuro. Lo stesso personaggio del signore sembra appartenere al mondo delle fiabe e non a caso, per introdurlo, si fa ricorso alla formula enunciativa propria del genere fiabesco «era un signore andato via», «era un signore come un cielo gentile», «era un signore che c'era allora dov'era?». Come nei giochi dell'infanzia regna sovrano il tempo imperfetto.

Delle fiabe la Lamarque non recupera l'aspetto meraviglioso, l'incantesimo, dietro l'incantesimo c'è sempre un conflitto tanto più drammatico perché a esso è esposta un'anima bambina. Anche se si fa spesso ricorso al registro infantile, alla cantilena e all'uso dell'anafora e dell'anastrofe, all'iterazione di aggettivi e di avverbi tipica del fiabesco («lontano lontano», «fitto fitto», «piano piano»), l'approdo a tale dimensione non comporta però una caduta in un atteggiamento ingenuo e puerile. L'affiorare improvviso di un dolore profondo in una situazione di apparente serenità è uno dei tratti più originali della Lamarque che avvicina la sua poesia a quella di Sandro Penna. Una sensazione sottile di diversità impedisce al sentimento più semplice di scadere nel luogo comune. Da anni l'autrice si confronta direttamente con questo mondo anche quale autrice di numerose fiabe (*La bambina che mangiava i lupi*, *La bambina senza nome*, *La bambina di ghiaccio*, ecc., si veda la Bibliografia) e dell'inquietante *Libro delle ninne nanne*, dove rime di gioco e di vita si alternano a rime di morte.

«La protagonista de *Il Signore degli spaventati* non è personaggio da poesia "facile"», scrive Giovanni Giudici nella sua prefazione, «ancorché seducente risulti nella scrittura. È un personaggio drammatico di questo secolo d'angoscia ormai alla fine (il secolo, non l'angoscia).» La dedica al dottor. B.M. è seguita dall'avverbio «ancora». La poesia d'apertura riporta, come in *Teresino*, nel fitto del bosco dove «le stelle erano gli occhi dei lupi» e «la luna le fauci dei lupi». E come è già accaduto nelle raccolte precedenti, anche qui la morte si affaccia in modo inquietante sulla vita: «oscura terra, pallide larve la circondarono prima del tempo. Con anticipo vide il buio di laggiù, sentì l'umido odore della terra, il silenzioso rumore degli insetti. Con un balzo quella volta poté uscirne».

Lo spavento nasce non solo da un'incapacità di vita, ma anche dal confronto con una forza che non si sa controllare; *La signora dell'acqua* mette in evidenza il pericolo di esserne sopraffatta («Mulinelli a mille a mille le dicevano vieni vieni scendi nel gorgo con noi, vedrai quaggiù che nuovi liquidi mondi»). Ma la profondità del rispecchiamento affidata al componimento iniziale, *Il signore di fronte*, fa sì che quei sentimenti trovino tra la porta e la finestra dello studio analitico il luogo riparato da cui affrontare le alluvioni e le tempeste («Non c'erano specchi, eppure in quella stanza, profondamente ci si specchiava»).

In *Poesie dando del Lei* l'ironia si fa più esplicita, il dialogo col dottore è ora diretto pur se mediato attraverso la forma di cortesia: «Caro Dottore / dentro il Suo cuore / c'è una barchetta / mi porti lontano / La prego Dottore / anche solo un'oretta / poi ritorniamo». «Credevo non mi amasse / perché vietato / invece forse non mi ama / perché non è innamorato».

Le esili strofe di questo canzoniere rammentano, come scrive Rinaldo Caddeo, levità e misura della strofa dell'odicina anacreontica arcadica. Caddeo cita poi quattro versi («Oh ci sia un posto anche per me / nella Sua vita / lo difenderei (da me s'intende) / come una vietnamita») per concludere: «La parola vietnamita rima con vita e porta in sé due vite, due Vivian, l'una contro l'altra armata».

Anche il riferimento alla sofferenza si vela di autoironia ed esplicita diventa la funzione materna dell'analista come in *Amante neonata* in cui l'oggetto buono può finalmente essere incorporato: è l'analista, l'"uomomamma", a dare abbondantemente il latte, tanto quanto ne ha bisogno l'"amante neonata". Il fiume – già incontrato ne *Il signore d'oro* – ora scorre seguendo il suo corso naturale senza subire deviazioni.

La comunicazione, la comunione raggiunte attraverso il rapporto di traslazione aprono a una nuova dimensione che prima era preclusa e rendono finalmente possibile la trasformazione: la signora è consolata da una forza più vasta che finalmente la contiene. «Caramente» prendendola per mano, l'analista le ha permesso di attraversare il caos primordiale per riportarla alla luce e le ha indicato una via che può essere compiuta da sola. Ma siamo già alle nuove *Poesie dando del Lei* inserite in *Una quieta polvere*.

Uscita dieci anni dopo il *Signore d'oro* nel 1996, *Una quieta polvere* fa ricorso in misura minore all'autobiografia, che si allarga comunque a toccare anche altri temi: l'incontro con il padre naturale che fa «un salto indietro / [...] un salto indietro», il ricordo del padre adottivo morto a trentaquattro anni che «faceva il Campione d'Italia di sollevamento pesi», i dialoghi con la signora Forchetta e suo marito il Coltello, la morte della madre naturale, la conoscenza dei fratelli con cui non ha potuto giocare da bambina, la grande generosità della madre Maria Rosa che più di tutte sa dare «bottiglie del latte materno / che non hai mai avuto / e più di tutte hai».

Ai brevi componimenti della sezione *Il pennino*, segue il poemetto *Questa quieta polvere* che dà il titolo alla raccolta e che era uscito nel dicembre del 1987 su «Paragone». Già a conclusione di *Teresino* la Lamarque aveva fatto ricorso alla misura lunga del poemetto che ritorna anche nella lunga poesia dedicata a Dario Bellezza e ne *L'albero*, mostrando come, in alcuni momenti significativi della sua ricerca poetica, avverta l'esigenza di una forma più vasta cui affidare sentimenti e stati d'animo.

In *Questa quieta polvere* i versi originali sembrano farsi largo a stento tra una fitta rete di 53 citazioni che in alcuni casi accentuano, in altri attenuano una tendenza alla dispersione e alla perdita di centro che sembra corrispondere, sul piano formale, al tumulto di sentimenti, ricordi e pensieri che sconvolge la dimensione dell'io. Il titolo è esso stesso una citazione, si tratta del primo verso del componimento 813 di Emily Dickinson *This quiet Dust was Gentlemen and Ladies*.

Le citazioni di fiabe o di poesie si giustappongono al testo poetico ed entrando in risonanza con esso lo forzano verso altre possibilità. Il ricordo del primo incontro con la persona amata viene subito interrotto da una citazione di Marina Cvetaeva che introduce la prima figura di morte da cui è attraversato il poemetto: la Morte Giardiniera. «Io non voglio la Morte Giardiniera / io voglio un giardino / con dentro l'amore mio a zappare»; «Io non sono morta / io sono nata il 19 aprile 1946», ma Emily Dickinson incalza: «Questa Quieta Polvere / fu Signori e Signore», «poiché non potevo fermarmi per la Morte / lei gentilmente si fermò per me», «il mondo sa di polvere / quando ci fermiamo a morire».

Immagini e situazioni contraddittorie si accumulano e si accavallano, come quella risoluta del soldato che marcia verso casa dopo la guerra, tratta da una fiaba di Andersen, mentre il testo insiste sulla lontananza; il ritorno a casa coincide con la morte, descritta attraverso la citazione di Afanasiev («tornò a casa comperò la bara vi si stese dentro e subito morì»), cui si aggiunge la voce di Livia Candiani: «Oh i sagrati – disse il vento – è quasi sempre da lì che rapisco i miei prediletti». All'angoscia che morde come un mostro e al comando imperioso della regina di *Alice nel paese delle meraviglie* che ordina che la testa venga tagliata, mostrando il pericolo incombente di una scissione, si oppone il debole io («io non voglio essere quieta / io non voglio essere polvere», «io non sono morta io sono nata», «io al mattino voglio svegliarmi e alzarmi») che sembra garantirsi la sopravvivenza grazie alla ripetizione ossessiva del pronome di prima persona.

A conclusione del poemetto un indizio rivela la più profonda contraddizione che viene sfiorata. Tra le ultime citazioni che spingono il testo verso l'interrogativo finale su cui si interrompe, due sono tratte dal libro di Emilio Comba *Storia dei Valdesi* e denunciano la persecuzione di cui la comunità valdese fu vittima («ci perseguitarono tanto ci misero al rogo»; «sul monte Albergian i nostri bambini furono uccisi dal freddo»). L'autore è il bisnonno materno di Vivian, Comba è infatti il cognome della madre naturale che fu costretta ad abbandonare la figlia, dunque vittima anch'essa di un'ingiustizia compiuta questa volta dalla propria famiglia. Questo riferimento biografico, accostato alla domanda finale su cui *Questa quieta polvere* si chiude («Che fa il mio bambino? che fa il mio capriolo?»), getta una luce desolata anche sul dolore della madre cui è stato sottratto il figlioletto.

Nel corso di tutta la raccolta ai temi consueti della Lamarque se ne affiancano di nuovi. Liberata dall'ossessione di ritrovare il materno perduto, la poesia della Lamarque si trasforma in un prendersi cura, un prendersi a cuore gli esseri più deboli, rispettandoli e riconoscendogli una dignità con un sentimento affine a quello espresso, ne *In sonno e in veglia*, da Anna Maria Ortese nei confronti degli animali, i «Popoli Muti», i «Bambini della creazione».

Il sentimento materno coglie il legame che unisce gli esseri umani, anche i «nuovi milanesi di colore», a tutte le altre creature della terra, agli animali, alle piante, alla «bella famiglia d'erbe e d'animali» che apre *L'albero*. In *Requiem per margherite* sente la sete dei fiori nei vasi senza acqua delle carrozze-ristorante degli eurostar, facendo balenare il ricordo di altre seti e di altri treni. Sul piano fonico la martellante insistenza iniziale sulla «i» e il complicato gioco di rime, rime interne, assonanze e consonanze fa sì che la ripetizione-constatazione («e ho paura non si aprono / più sui moderni treni / i finestrini») da semplice reazione claustrofobica si trasformi in inquietante allarme per il futuro. In *Ruanda*, vede l'erba e gli alberi arrossire di vergogna per le nuove stragi con cui si è concluso il millennio che ancora tingono di sangue i fiumi.

In un gran numero di componimenti la meditazione sulla morte dà un'altra impronta all'esistenza, un'altra lucidità allo sguardo. In *A vacanza conclusa*, l'inaspettato interrogativo finale poggiando sulla «facile» rima «finita/vita» («la loro vacanza non è ancora finita: / sarà così sarà così / lasciare la vita?») rovescia una situazione apparentemente lontana da qualsiasi assillo metafisico come quella dei bagnanti sulla spiaggia. Nello straordinario ritorno a casa del condomino morto con fotografica precisione si registrano le sue ultime sequenze: «gli hanno salito / le scale, gli hanno aperto la porta / anche senza suonare, ha usato / per l'ultima volta il verbo entrare».

Nei primi anni Sessanta Cosimo di Rondò, il protagonista del *Barone rampante* di Italo Calvino, era salito su un albero per prendere distanza dalla pesantezza di ciò che è troppo terreno. In pieno boom economico, ma anche negli anni più difficili della guerra fredda, Calvino fa abbandonare al proprio protagonista una vita uguale a quella di tutti gli altri e, costringendolo a seguire una contorta via sugli alberi, lo porta a scegliere, rispetto all'adesione a una ideologia, la fedeltà a se stesso. All'inizio del nuovo millennio, in cui la globalizzazione, segnando il primato assoluto dell'economia e con una pericolosissima rimozione della morte, sta mettendo in atto la spietata distruzione del pianeta, con il poemetto *L'albero* l'io poetico di Vivian Lamarque sente il bisogno non solo di salire, ma addirittura di celebrare un matrimonio con l'albero. Non è dunque il distacco dalla terra a essere posto al centro, ma al contrario l'unione. Questa prospettiva elevata permette di entrare in consonanza con l'esistenza e di dare avvio a quel lavoro di lutto che costituisce il tessuto del poemetto e ha inizio proprio con un richiamo diretto ai «morti»: «morti! morti! li chiamava / sono abbastanza vicino / sono qui». Da questa «altezza nuova», si potrebbe dire citando Zanzotto, l'autrice si rivolge verso il basso, più che per scoprire qualcosa per coprire una mancanza, l'assenza del cielo, e sostituire a quelli ciechi del cielo altri occhi che vedano il dolore della terra: «se il cielo non ci guarda facciamocelo da noi il cielo il papa / ninna-ò ninna-ò questo insanguinato a chi lo do?». E anche i morti mandino un loro sguardo ai nuovi nati («Micòl guarda Micòl»): la bellezza, la beltà del mondo ha bisogno della corrispondenza per tendere al futuro.

Ai piedi dell'albero la vita terrestre si manifesta nelle sue forme minute, si muovono animali piccoli e umili: le rane simbolo del femminile creatore –, i rospi delle fiabe con la loro straordinaria forza di trasformazione, le ctonie scattanti lucertole, capaci nello stesso tempo di aderire alla terra per farsi riscaldare dal sole. Scalando il tronco esse sembrano indicare che la vita coincide col percorso, «c'erano la vita e la morte la strada / il percorso da qui a là». Di nuovo la Lamarque attinge dall'elemento fiabesco per far accedere la poesia a un altro piano, farle acquistare una particolare qualità percettiva. La concretezza delle domande rivolte ai morti («ma come vi hanno messi? divisi per millennio? per secolo? per causa di decesso? per precocità?»), mostra che non è un pensiero filosofico a porsi tali interrogativi; essi nascono da un sentimento, da un non capire fortemente condizionato dalle emozioni come quello del bambino; ma l'abbraccio dell'albero della vita che sopravvivrà per secoli a diverse generazioni di esseri viventi imprime una nuova qualità alle domande che non si perdono in un cielo vuoto e desolato, ma riecheggiano tra i rami carichi di vita, di nidi pieni di uova che si aprono alla vita futura.

Un paesaggio notturno circonda i rami, la chioma arborea è illuminata dal chiarore lunare che dispone a un altro tipo di percezione rispetto a quella che consente lo splendore solare; nella notte l'io poetico veglia e cerca un contatto con coloro che ormai appartengono solo alla dimensione notturna. Come una madre consola il bambino impaurito nella notte, l'albero abbraccia nel sonno la voce poetante e il canto notturno da cui emergono gli interrogativi di fondo che i bambini e il pensiero mitologico si pongono sulla morte attribuendo agli elementi e ai fenomeni naturali sentimenti e tratti umani. È la dimensione notturna che conosce i momenti di crescita ma anche quelli di decrescita e di privazione, lo stato di pienezza e la mancanza.

Affacciandosi sul mondo dall'alto dell'albero sotto il raggio della luna si può vedere e sentire che esseri umani, animali, piante ed elementi naturali sono strettamente congiunti, respirano la stessa aria: percepire il respiro del mondo è anche riconoscere la sofferenza dell'anima del mondo, l'*Anima mundi* cui tutti apparteniamo. Dall'alto dell'albero l'io poetico guarda il mondo con la coscienza di essere nello stesso tempo mondo («guardavano giù il mondo / anche lo erano un po'»); lo stare in alto non è dunque una posizione privilegiata, la crudeltà, il dolore colpiscono anche lassù («certe notti i rapaci rubavano / nei nidi che sangue all'alba / nessuno pigolava più»). Ma proprio da lassù può essere intonato il canto funebre per il pettirosso caduto in trappola che non riesce a morire e l'albero che lo cuce, lo avvolge in una sua foglia diventa immagine di una nuova Pietà che maternamente abbraccia il figlio morto riconoscendolo anche nelle creature più umili; esso risplende come un anello – non come gli anelli falsamente risplendenti di papa o di re –, come un sigillo preziosissimo, segno di una fedeltà, di un'appartenenza che non sarà mai spezzata. Il femminile materno accompagna con una piccola ninna-nanna-lamento funebre il pettirosso nella morte e lo affida alla madre terra chiedendole garbatamente di prendersi cura di lui («prendilo allora tu terra con carezze fanne / dei fiori tu sai come si fa»). L'albero della vita è anche l'albero della morte, il pioppo cui si fa riferimento nei versi che aprono il poemetto, appare legato agli Inferi, al dolore e al sacrificio, così come alle lacrime; albero funerario che nelle sue stesse foglie, bianche da un lato, scure dall'altro, mostra la propria vicinanza al mondo dei morti.

Il mondo della vita e il mondo della morte si incontrano, si toccano, mentre il cielo al di sopra dell'albero appare vuoto e sordo. È la stessa sordità e lo stesso vuoto del *Seme del piangere* di Giorgio Caproni ma, sotto questo cielo assente, la vita pullula chiedendo alla poesia di continuare a guardare verso il basso per riconoscervi bellezza e iniquità. Il canto notturno, il canto funebre si trasforma così anche in canto di protesta per dire quelle «piccole» e «micidiali verità» (Raboni) cui la Lamarque non rinuncia mai, e che qui diventano grandi verità. La leggerezza con cui guarda la realtà ha anche la forza e la risolutezza con cui gli angeli di Paul Klee si abbassano verso la sostanza della vita e l'orrore della sua epoca.

La condizione di sospensione raggiunta con la salita sull'albero permette di avvertire anche lo spaesamento degli emigranti in lutto per l'abbandono del paese madre e che, arrivati nei nuovi luoghi, non trovano più i paesaggi familiari, ma solo gli estranei nomi di un gaddiano paesaggio brianzolo.

Rispetto alle opere precedenti il poemetto *L'albero* segna un mutamento e uno sviluppo nell'uso della citazione e nel linguaggio: le citazioni non si affiancano e giustappongono al testo entrando in risonanza, come in *Questa quieta polvere*; esse sono ora impastate nel tessuto poetico, risucchiate nel canto e proprio dall'appartenere a pieno diritto al testo acquistano una nuova densità. La capacità di fondere, come con naturale e garbata sapienza sa fare la poesia di Tiziano Rossi, alla lingua e alle citazioni alte, parole ed espressioni che appartengono a un registro basso e al parlato, diventa una sfida ulteriore. Il «basso» è qui l'italiano medio che abusa di pseudoanglismi, il banale e logoro slogan pubblicitario, il gergo omologato della televisione, e dimostra quanto sia riuscita anche a livello delle scelte stilistiche e lessicali la commistione di alto e di basso e il continuo rovesciamento di piani che costituisce la struttura portante del poemetto.

Sin da *Teresino* la Lamarque ha dato avvio a quel "corteggiamento" della morte che la fa sentire vicina a Patrizia Valduga, pur con modalità diverse: più gentile quello della Lamarque rispetto a quello più corporale della Valduga, anche se forti consonanze si avvertono tra *L'albero*, *Corsia degli incurabili* e soprattutto il grande *Requiem* della Valduga (*Requiem*: «Dio, ti scongiuro, prendigli la mente / non torturare un cuore torturato, / oh, fa' presto, fa' che non senta niente»; *L'albero*: «ti prego muori muori ti prego così / di lama non ne senti più»).

Patrizia Cavalli è l'altra poetessa dei nostri giorni con cui la Lamarque ha dichiarato di riconoscere un'affinità, anche se la loro ricerca poetica tende verso direzioni diverse. In un componimento de *L'io singolare proprio mio* della Cavalli, la visita al mercato nell'ora di chiusura mostra nei frutti in disfacimento abbandonati la certezza della morte che consuma la vita: «Quando scendevo era ormai tardi / tra i mucchi di foglie di carciofi / e i pomodori sfatti dove una vecchietta china / correva rapace alla riscossa di mezze mele / di peperoni buoni per tre quarti: / Ma io non cercavo frutta marcia o fresca, / io volevo soltanto la certezza / della settimana che finisce, / dell'occasione persa».

La Lamarque non ha paura di mettersi nei panni della vecchietta, metà bambina metà vecchina, raccoglie con cura quei cibi abbandonati e sprecati e li vede ancora come nutrimento. L'amante neonata che succhiava il latte dall'uomomamma, ora è in grado di dare cibo, di far cadere dall'albero i frutti per chi se ne può nutrire. Con felicità perché, come dice Rilke restituendo a conclusione delle *Elegie duinesi* un'immagine risvegliata dai «morti senza fine», la felicità non sale, ma cade.

Nota biografica

Vivian Lamarque (Comba Provera Pellegrinelli) nasce a Tesero (Trento) il 19 aprile 1946. Figlia illegittima, a nove mesi viene data in adozione a Milano. A quattro anni perde anche il padre adottivo. A dieci anni la scoperta di avere due madri le fa scrivere le prime due poesie: *La signora M. buona* e *La signora M. cattiva*. A Palazzo Dugnani frequenta la Civica Scuola Manzoni; studia privatamente latino e continua a scrivere poesie. Si sposa con Paolo Lamarque («il più pittore di tutti») e nasce la figlia Miryam (la «gallinella»). Si separa, insegna stenografia in tedesco, scrive centinaia di poesie; Giovanni Raboni ne fa pubblicare alcune su «Paragone» e su «Nuovi Argomenti». Nel 1978 esce nei «Quaderni della Fenice» *L'amore mio è buonissimo*. Nel 1981, con *Teresino*, vince il premio Viareggio Opera Prima, cui Vittorio Sereni dedica una pagina sull'«Europeo» del 19 ottobre. Nel 1984, a 38 anni, entra in analisi. Per lo junghiano dott. B.M. scrive una trilogia: *Il signore d'oro*, *Il signore degli spaventati* (con prefazione di Giovanni Giudici) e *Poesie dando del Lei*. Insegna italiano agli stranieri e letteratura in licei privati. Nel 1989 esce *Il libro delle ninne nanne* e nel 1992 *La bambina che mangiava i lupi*, prima di una lunga serie di fiabe. Traduce Valéry, Baudelaire, Prévert, La Fontaine, Céline e Grimm. Scrive il poemetto *Questa quieta polvere*, che Natalia Ginzburg fa pubblicare su «Paragone». Nel 1996 darà il titolo alla nuova raccolta *Una quieta polvere* e nel 1997 sarà tradotto in francese da Raymond Farina. Nello stesso anno l'istituto dove insegna chiude; intensifica la collaborazione al «Corriere della Sera» e ai suoi inserti. Raccoglie alcuni scritti giornalistici nel volume *Gentilmente*. Tra le sue fiabe anche la trascrizione per ragazzi del *Flauto magico* (Premio Andersen 2000), *Petruska*, *Il lago dei cigni*, *L'uccello di fuoco* e *Pierino e il Lupo*.

Bibliografia

Opere di Vivian Lamarque

OPERE POETICHE

L'amore mio è buonissimo, in *Quaderni della Fenice 30*, Guanda, Milano 1978, pp. 47-68.
Teresino, Società di Poesia & Guanda, Milano 1981.
Il signore d'oro, Crocetti, Milano 1986 e 1997.
Poesie dando del Lei, Garzanti, Milano 1989.
Il signore degli spaventati, Pegaso, Forte dei Marmi 1992.
Una quieta polvere, Mondadori, Milano 1996.

FIABE

La bambina che erano due, in «Psychopatologia», n. 2, dicembre 1984, p. 200; con testo a fronte, *The little girl who was two*, traduzione di Egidia d'Errico, p. 201.
Il libro delle ninne nanne, Edizioni Paoline, Cinisello Balsamo 1989.
La bambina e la montagna, in *Bella Italia perché le leghe? Uno scrittore per ogni regione d'Italia*, a cura di M. Costanzo, Rusconi, Milano 1991, pp. 42-7.
La bambina che mangiava i lupi, Mursia, Milano 1992.
La bambina di ghiaccio e altri racconti di Natale, Edizioni EL, Trieste 1992.
La petite fille de glace, Ipomé-Albin Michel, Paris 1992.
La bambina senza nome, Mursia, Milano 1993.
Arte della libertà. Il sogno di Sara, Mazzotta, Milano 1995.
Il Bambino che lavava i vetri, Edizioni C'era una volta.., Pordenone 1996.
La bambina che non voleva andare a scuola, La Coccinella, Varese 1997.
Cioccolatina la bambina che mangiava sempre, Bompiani, Milano 1998.
UNIK, storia di un figlio unico, Bompiani, Milano 1999.
Coloriamo i diritti dei bambini, Fabbri, Milano 1999.
La bambina Non-Mi-Ricordo, in *Il tempo dei diritti*, Fabbri, Milano 1999, pp. 9-21.
Il flauto magico. Dall'opera di Wolfgang Amadeus Mozart, Fabbri, Milano 1999.

La minuscola bambina B, Feltrinelli, Milano 2000.
La pesciolina innamorata, Colors Edizioni, Genova 2000.
La Bambina Quasi Maghina, Fabbri, Milano 2001.
La luna con le orecchie, Castalia, Milano 2001.
Piccoli cittadini del mondo, Emme Edizioni, Trieste 2001.
Petruska. Dall'opera di Igor Stravinskij, Fabbri, Milano 2001.

ALTRI SCRITTI

Gentilmente, Rizzoli, Milano 1998.

Bibliografia critica

G. Raboni, in «Paragone», n. 274, dicembre 1972, p. 42.

M. Guidacci, in *La Spiga 1974*, Edizioni Città di Vita, Firenze 1974, p. 67.

F. Cordelli, *Schedario*, in *Il pubblico della poesia*, a cura di F. Cordelli e A. Berardinelli, Lerici, Cosenza 1975, pp. 291-2.

B. Frabotta (a cura di), *Donne in poesia*, Savelli, Roma 1976, pp. 23, 73-4.

M. Cucchi, in *Quaderni della Fenice*, 30, Guanda, Milano 1978, p. 48.

G. Ramella Bagneri, *Il fiabesco quotidiano di Vivian Lamarque*, in «Poeti della quinta generazione. Antologia Forum», n. 77-78, novembre-dicembre 1980, pp. 40-1.

G. Raboni, in «Tabula», n. 5, maggio 1981, p. 92.

G. Ramella Bagneri, *Santagostini e Vivian Lamarque*, in «Uomini e libri», n. 85, 1981, p. 40.

V. Sereni, *Cuore fa rima con intelligenza*, in «Europeo», n. 42, 19 ottobre 1981.

F. Zabagli, *«Teresino» di Vivian Lamarque*, in «Paragone», n. 382, dicembre 1981, pp. 79-82.

E. Esposito, *Cronica delle poesie occorrenti ne' tempi nostri*, in «Belfagor», XXXVII, fasc. I, 31 gennaio 1982, pp. 73-9 (pp. 78-9).

D. Cara, *I minimi avventi e la misura ideogrammatica*, in «Poeti della Lombardia. Antologia Forum», 1983, p. 97.

G. Ramella Bagneri (a cura di), *Vivian Lamarque*, in «Poeti della quinta generazione. Antologia Forum», 1983, p. 107.

M. Marchi (a cura di), *Vivian Lamarque*, in *Viva la poesia!*, Vallecchi, Firenze 1985, pp. 180-2.

A. Porta, *Variazioni*, in *Poesie d'amore*, Newton Compton, Roma 1986, p. 120.

E. Regazzoni, *Noi donne vi metteremo tutti in rima*, in «Europeo», n. 3, 18 gennaio 1986.

A. Airaghi, in «la collina», nn. 9/10, dicembre 1987 - giugno 1988.

G. Salonia, *Versi come un puzzle per il signore d'oro*, in «L'Unità», 10 gennaio 1987.

P. Lagazzi, *Le azzurre braccia della luna*, in «Gazzetta di Parma», 18 marzo 1987.

P.F. Listri, *Poesia Opera Prima*, in *Premio Viareggio 1976-1985*, Diapress, Milano 1987, p. 93.

M. Spinella, *In altro luogo*, in «alfabeta», maggio 1987, p. 15.

M. Castaldi, in «la collina», n. 11-13, dicembre 1988-gennaio 1989, p. 113.

E. Esposito, *La poesia giovane (Parnaso VII)*, in «Belfagor», XLII, 31 gennaio 1988, pp. 67-75.

G. Borgese, *Vivian Lamarque: le fiabe dell'infanzia e l'amore di oggi in un breve respiro*, in «Corriere della Sera», 19 marzo 1989.

G. Candela, *Ottantatré poesie «dando del Lei»*, in «Bergamo-oggi», 18 aprile 1989.

R. Carifi, in «leggere», maggio 1989, p. 89.

M. Castaldi, *Un posto vuoto*, in «Lapis», dicembre 1989, pp. 73-4.

S. Crespi, *Versi velati di malinconia come il pianto per un amore irraggiungibile*, in «Il Sole-24 Ore», 21 maggio 1989.

M. Cucchi, *Il peccato e la grazia*, in «Panorama», 30 luglio 1989.

M. De Leo, in «Legendaria», n. 7, luglio-agosto 1989, p. 13.

P. Del Giudice, in «Il cavallo di Troia», n. 11, 1989, pp. 80-3.

F. Fano, *Tre poeti diversi che parlano al cuore*, in «Il popolo», 19 aprile 1989.

U. Fiori, *«Poesie dando del Lei» di Vivian Lamarque*, in «Poesia», n. 4, aprile 1989, pp. 65-6.

S. Lecchini, *Se lo strazio è da camera*, in «Gazzetta di Parma», 7 maggio 1989.

G. Manacorda, *Una vita vissuta per le rime*, in «la Repubblica», 22 aprile 1989.

R. Pennisi, *L'intelligenza del cuore*, in «La Sicilia», 2 luglio 1989.

M. Pertile, *Fare poesia dando del Lei all'analista*, in «Il Tempo», 28 aprile 1989.

F. Piemontese (a cura di), *Autodizionario degli scrittori italiani*, Leonardo Editore, Milano 1989, p. 191.

S. Ramat, *La sostenibile leggerezza di Vivian*, in «Corriere della Sera», 9 luglio 1989.

A. Riccardi, *La misura dei rapporti*, in «L'Unità», 13 settembre 1989.

S. Zanghì, in «Leggere Donna», giugno 1989.

D. Bisutti, in «Millelibri», maggio 1990, p. 100.

G. Lagorio, *Così dalle poesie nascono le fiabe*, in «Corriere della Sera», 23 dicembre 1990.

C.A. Landini, in «Humanitas», n. 4, 1990, p. 557.

G. Pontremoli, *Fiabesco limpido e doloroso*, in «Rossoscuola», maggio 1990, p. 11.

C.A. Sitta, *Il maestro segreto*, in «Steve», n. 10, autunno 1990, pp. 93-7.

L. Alfonso *et al* (a cura di), *Dizionario autori*, Guido Miano Editore, Milano 1991, p. 180.

P. Cudini, *Il Datario 1900-1991*, Rizzoli, Milano 1991, p. 228.

R. Dedola, *La poesia del transfert: la poesia innamorata di Vivian Lamarque'*, in «Studi novecenteschi», n. 41, giugno 1991; poi in Id., *La via dei simboli. Psicologia analitica e letteratura italiana*, Franco Angeli, Milano 1992, pp. 138-50.

I. Vincentini (a cura di), *Colloqui sulla poesia*, Nuova ERI, Torino 1991, pp. 18, 41, 74, 91-3.

A. Asor Rosa (a cura di), *Dizionario della letteratura italiana del Novecento*, Einaudi, Torino 1992, p. 293.

G. Giudici, *Un minuscolo puntino laggiù*, prefazione a *Il signore degli spaventati*, Pegaso, Forte dei Marmi 1992, pp. 11-4.

A. Airaghi, *La malinconia fata turchina dei Navigli*, in «L'Arena», 13 maggio 1993.

S. Crespi, *Fuori dalla malinconia con una lingua da fiaba*, in «Il Sole-24 Ore», 10 gennaio 1993.

G. D'Elia, *De Monticelli, Lamarque, Sica: tre signore itineranti sui sentieri della poesia*, in «Il Manifesto», 5 febbraio 1993.

C. Ferrari, *Spine di psicanalisi delizie di poesia*, in «Giornale di Brescia», 28 maggio 1993.

G. Lagorio, *Poesia d'incanto tra fiabe e psicoanalisi*, in «Corriere della Sera», 4 gennaio 1993.

L. Sica, *Mio caro dottore abusi pure di me*, in «La Repubblica», 30 gennaio 1993.

I. Simonini, *Appendice sul Neodecadentismo e la nuova primavera della poesia*, in *Cent'anni di riviste*, Calderini, 1993, p. 329.

F. Buffoni, *L'intelligenza del cuore. Conversazione con Vivian Lamarque*, in *Andar per storie: I racconti dei poeti*, a cura di G. Vitali, Provincia di Bergamo, Bergamo 1995, pp. 117-34.

R. Caddeo, *Contro mostri e draghi l'arma della scrittura*, in «Concertino», n. 14-15, novembre 1995, p. 23.

R. Manica, *La parola ritrovata: Ultime tendenze della letteratura italiana*, a cura di M.I. Gaeta e G. Sica, Marsilio, Venezia 1995, pp. 121-7.

T. Rossi, *Vivian Lamarque*, in *Poesia italiana del Novecento*, a cura di E. Rossi e T. Krumm, Skira Editore, Milano 1995, pp. 1171-2.

L. Baldacci, *Poesia al femminile. Handicap o merito?*, in «Corriere della Sera», 19 aprile 1996.

S. Crespi, *Liriche in lingua di fiaba*, in «Il Sole-24 Ore», 14 aprile 1996.

M. Cucchi, *Poeti italiani del secondo novecento*, a cura di M. Cucchi e S. Giovanardi, Mondadori, Milano 1996, pp. 972-3.

M. Cucchi, *I poeti oggi*, in «Specchio», n. 34, 14 settembre 1996, pp. 88-107.

A. Donna, in «Corrente alternata», a. III, n. 2, 1996, pp. 10-1.

C. Ferrari, in «Letture 528», giugno 1996, pp. 45-6.

U. Fiori, *La voce nuova della signora*, in «L'Unità», 3 giugno 1996.

K. Fusco, in «Azione», 4 luglio 1996.

G. Gramigna, *Lamarque, la poesia in forma di fiaba*, in «Corriere della Sera», 16 giugno 1996.

S. Jesurum, *E il poetar m'è dolce in questo male*, in «Sette», 30 maggio 1996.

F. Loi, *Versi cresciuti tra le ortiche*, in «Il Sole-24 Ore», 19 maggio 1996.

R. Lo Russo, in «Semicerchio», n. 14, 1996, pp. 43-4.

O' Brien, Katherine, *Italian Women Poets of the 20th Century*, Irish Academic Press, Dublino 1996, pp. 252-65.

L. Ravasi, *Nel mistero dell'amore*, in «D di Repubblica», 4 giugno 1996.

M. Rondi, «*Voglio un giardino con dentro l'amore mio a zappare*», in «araberara», luglio 1996, p. 15.

O. Rossani, in «Corriere della Sera», 8 settembre 1996.

P. Ruffilli, *La quieta polvere di Vivian Lamarque*, in «Il Resto del Carlino», «La Nazione» e «Il Giorno», 10 agosto 1996.

M. Rusconi, *Scusatemi se vi do un'intervista*, in «L'Espresso», 26 settembre 1996.

A. Satta Centanin, in «Poesia», maggio 1996, pp. 72-3.

D. Scarpa, *La morte bambina*, in «L'Indice», n. 9, ottobre 1996.

E. Siciliano, *Vivian è sola a Milano*, in «L'Espresso», 17 maggio 1996.

S. Zucca, in «Come», n. 14, 15 luglio 1996.

P. Febbraro, *Vivian Lamarque: «Una quieta polvere»*, in *Poesia '96. Annuario*, a cura di G. Manacorda, 1997, pp. 145-6.

M. Forti, *Poeti italiani del secondo Novecento: un'antologia*, in «Nuova Antologia», n. 2204, ottobre-dicembre 1997, pp. 232-8, (p. 246).

C.A. Landini, *Vivianne, anzi Margherita*, in «Gazzetta di Parma», 16 maggio 1997.

G. Petrucci, *Il sonno di Alice: l'enunciazione del transfert nella poesia di Vivian Lamarque*, in «Italianistica», n. 1, gennaio-aprile 1998, pp. 89-98.

E. Coco, *Entre encanto y crueldad*, in *Vivian Lamarque*, La Lectura Poética n. 50, Malaga, 21 gennaio 1999; poi in *Poesìa italiana contemporànea*, Colleccìon Torremozas, Madrid 2000, pp. 59-60; poi in *El fuego y las brasas. Poesìa Italiana Contemporànea (Antologìa)*, SIAL Ediciones, Madrid 2001, pp. 251-2.

C.A. Mastrelli, «*Teresino» di Vivian Lamarque (n. Tesero 1946)*, in «Rivista Italiana di Onomastica», vol. V, n. 2, 1999, pp. 476-7.

R. Polese, *Fiabe al buio*, in *Poesie d'amore*. Grandi Tascabili Economici Newton, Roma 1999, pp. 64-5.

P. Egidi, *Una ferita mi ha reso poeta*, in «Confronti», n. 2, febbraio 2000, pp. 30-1.

C. Sartini Blum e L. Trubowitz (a cura di), *Contemporary Italian Women Poets*, Italica Press, New York 2001, p. XLIII

E. Salibra, *Per ogni finestra una neve*, in «Soglie», a. III, n. 2, agosto 2001, p. 3.

A cura di Vilma De Gasperin

Poesie
1972-2002

a mia madre
per il suo novantesimo compleanno

Teresino

(curriculum/vitae cucù)
T. KEMENY

Le citazioni poste in esergo nelle sezioni della raccolta *Teresino* sono tutte tratte da *Le Petit Poucet* di Charles Perrault.

Conoscendo la madre

Le Père et la Mère les menèrent dans
l'endroit de la Forêt le plus épais et le
plus obscur... Lorsque ces enfants se
virent seuls, ils se mirent à crier et à
pleurer de toute leur force...

CHARLES PERRAULT, *Le Petit Poucet*

APRILE DAL BEL NOME

Aprile dal bel nome
quando sono nata
io stessa con nomi curiosi
di bei significati
per dire che ero pratolina
e questo e quest'altro
e che dovevo vivere
(da una parte o dall'altra)
per dire donata
(o donanda)

insomma sono nata d'aprile
in montagna.

A NOVE MESI

A nove mesi la frattura
la sostituzione il cambio di madre .
Oggi ogni volto ogni affetto
le sembrano copie cerca l'originale
in ogni cassetto affannosamente.

VALDESINA

Valdesina trascinata per una mano
giù fino a Milano
appena appena finito Natale
zitta guardava attorno
il nuovo presepe
la nuova mamma.

AMAVO IL GESSO

Avevo sette anni
e a scuola mi chiedevano
perché tanti cognomi.
Ma io parlavo poco.
Facevo greche sui quaderni
amavo il gesso
e le reliquie le credevo dolci
quando ne parlavano le suore.
A sera passava la cugina della mamma
e dalla panca mi alzavo a prendere il cappotto.
Salutavo la suora.
Bambini non ce n'era più da un pezzo.
Anche fuori per via parlavo poco.

CONOSCENDO A 19 ANNI LA MADRE

Ecco il privilegio:
ha conosciuto sua madre volendolo
(quale bambino?)
e fresca di parrucchiere
con una camicia azzurra
e una gonna grigia
alle cinque o le sei
era in ritardo
credo d'inverno
aveva la pelliccia.
Passiamo al dopo:
un film di James Bond
(distraiamola, avevano detto)
poi a nanna
bambina della mamma.

SAREBBE STATA

Sarebbe stata davvero capace di essere felice
sana e forte di nascita
e di buon carattere fin dalla culla dove
si svegliava senza piangere dove
se ne stava ore e ore zitta e sorridente
a giocare con le sue mani a guardare
una mosca che volava
senza piangere mentre una madre la passava a un'altra
mentre i padri sparivano ad uno ad uno
di buon carattere e d'indole affettuosa generosa
tale e quale è rimasta
in silenzio ad osservare come volano
mosche piume foglie sguardi affetti figli via.

L'amore mio è buonissimo

... le Petit Poucet les laissait crier, sachant bien par où il reviendrait à la maison; car en marchant il avait laissé tomber le long du chemin les petits cailloux blancs qu'il...

l'amore mio è buonissimo
infatti quando si ricorda
si sforza sempre di farmi delle domandine
per far vedere che si interessa a me
l'amore mio poverino è commovente

*

l'amore mio una volta l'ho incontrato
che tornava dalla spesa con due sacchetti
e siccome io guidavo la macchina lui mi ha detto accosta
allora io mi sono molto emozionata
e ho scritto quella poesia che c'è su Nuovi Argomenti n. 32.

*

l'amore mio non dite che non è pittore
perché invece è uno dei più pittori di tutti
l'amore mio è nato così

*

l'amore mio purtroppo non vuole mai niente da me
tranne una volta un certificato

*

l'amore mio non lo sa come sono triste a stare sempre così
senza l'amore mio

*

l'amore mio è forte fortissimo
sì però il mio babbo era campione d'Italia di sollevamento pesi

*

l'amore mio una volta aveva un balcone pieno di fiori
e innaffiava le piante con una canna lunga
e io lo guardavo tanto senza dire niente

*

l'amore mio non ha una poltrona molto comoda
se l'amore mio era mio gliela compravo

*

l'amore mio una volta aveva una macchina con una targa romantica
invece adesso ha cambiato macchina
l'amore mio ha fatto un affare

*

all'amore mio malato mi piacerebbe fare una sorpresa
per esempio comprargli un libro che voleva lui
e poi se se la sente glielo leggerei
se no tirerei giù un po' la tapparella
e nelle altre stanze camminerei piano

*

l'amore mio l'amore mio quale amore mio?
l'amore mio non c'è
se no certo non mi lascerebbe qui così
mi direbbe almeno qualche parolina
di sicuro allora me lo sono sognata
che bello se l'amore mio c'era invece non c'è

*

io una volta sono passata dove lavora l'amore mio
e avevo cinque bambini e facevamo una fila lunga
io avrei voluto che l'amore mio ci vedesse
ma l'amore mio non ha finestre sulla strada
l'amore mio poverino gode di una brutta vista

*

io un giorno ho messo sotto il tergicristallo dell'amore mio un
                                                            [bigliettino
lui ha pensato a una multa invece no ero io

*

l'amore mio non ha ancora finito
di leggere le favole che ho scritto un anno fa
l'amore mio certe volte mi fa perdere la pazienza

*

all'amore mio si chiudono un po' dal sonno gli occhi belli
infatti sono le tre meno un quarto
io sono una peste perché all'amore mio io rubo il sonno

*

l'amore mio quando era bambino era timidissimo con le bambine
anch'io quando ero bambina ero timidissima con i bambini
forse però l'amore mio un giorno mi avrebbe chiesto come ti
                                                            [chiami
e dopo avrebbe giocato con me un po' a palla

*

l'amore mio quando era bambino
chissà che grembiulini metteva
e se era un bambino buono o così così
l'amore mio quando era bambino
se sapevo dov'era me lo rubavo

*

l'amore mio dice che sono un po' disordinata
infatti è vero
però certe volte metto in ordine tutti i cassetti
e sposto persino il frigorifero e il gas

*

l amore mio capisce quasi tutto
per forza perché è molto intelligente
l'amore mio è uno dei più intelligenti del mondo

*

l'amore mio la prima volta che è un po' distratto
me lo prendo e me lo porto via

*

l'amore mio chissà com'era quando era innamorato
e come andava e veniva
e come si emozionava
forse faceva delle vocine
di certo comunque volava

*

all'amore mio mi piacerebbe fare tanti piaceri
per esempio commissioni in centro
o battere a macchina
o delle altre cose anche se un po' noiose
come per esempio fare le code

*

l'amore mio certe volte mi fa piangere così tanto
che non so più come fare
ma dopo quando è passata
appena penso all'amore mio mi viene subito da sorridere

*

l'amore mio l'amore mio l'amore mio non esiste
cioè esiste

ma non è come lo penso io è abbastanza diverso
non che sia peggiore ma comunque è un altro
solo che io me lo dimentico
e dopo quando me ne accorgo
ogni volta è una tragedia

*

all'amore mio io voglio tanto bene
tantissimo
lui crede di sapere quanto
invece nemmeno se lo sogna
per esempio io per l'amore mio darei la vita

*

chissà se l'amore mio ci sarà
quando sarò in punto di morte
mi piacerebbe tanto di sì
e che mi stesse vicino vicino
tanto è l'ultima volta
e che mi dicesse delle cose commoventi
per esempio mi dispiace molto che tu muoia

*

l'amore mio se morirà prima lui non creda!
perché anch'io morirò immediatamente
e così dopo due giorni riceverà una lettera
con dentro l'ultima poesia
e anche con spiegato come sono morta

*

l'amore mio è cattivo
infatti non legge le mie poesie
e allora le mie poesie si sono malate
ecco
e poi sono morte
sono morte tutte e quattrocento
e quello che adesso scrivo già non c'è più
a meno che nel vento

Il primo mio amore erano due

... ne craignez point, mes frères... suivez-moi...

IL PRIMO MIO AMORE IL PRIMO MIO AMORE

Il primo mio amore il primo mio amore
erano due.
Perché lui aveva un gemello
e io amavo anche quello.
Il primo mio amore erano due uguali
ma uno più allegro dell'altro
e l'altro più serio a guardarmi
vicina al fratello.
Alla finestra di sera stavo sempre con quello
ma il primo mio amore il primo mio amore erano due
lui e suo fratello gemello.

6 MAGGIO 1967 VIAGGIO DI NOZZE

Tua moglie che allegra nel viaggio
(circa quest'ora di sera)
le dici guarda il Cervino che bello
vieni che siamo arrivati.
La casa che grande tu ridi dei letti
sono sei ma tutti a castello!
e quale scegliamo?
Domani ti svegli che neve che viene
su vestiti usciamo!
Tua moglie che allegra lì fuori
ti fermi e la guardi che mangia la neve
ti fermi e la guardi che mangia la neve.

IL CERVINO

Dai vetri ghiacciati
il Cervino severo mi teneva d'occhio lui lo sa
lo chiamo testimone
lui lo sa
che avevo per la mente solo te
come metterti il condimento doppio nella minestra per farti
ingrassare
come svestirti come svestirmi
come insegnarti quella riga in tedesco morgen will mein Schatz
verreisen
come scappare con te in caso d'incendio
come non sprofondare insieme nella neve
te lo ricordi quel cane feroce?
lui lo sa
che scrivevo a tua sorella che ero felice
felice come nelle fotografie.

ECCO LI PRESENTANO

Ripercorrere mentalmente quella vicenda
assurda fin dalla sera che le hanno detto di lui
(il presentire poi dimenticato come riaffiora)
ecco da lì
e dalla volta che li hanno presentati
come niente.
Giungere al giorno tre anni dopo
dell'innamoramento di lei sgomenta
e a quello altri tre anni
della sconfitta di confessarlo.
E ancora tornare indietro a quando li presentano
vicino alla porta, li presentano
a luce forte, li presentano
ormai si sta perdendo.

SAI LA PAROLA MAI?

Quel dato gesto
quell'abitudine
di stare uno più avanti sulla sedia
e uno un po' più indietro
o un'altra
di mangiare ma non quella verdura
quel rito a quell'ora
o un poco dopo
quel libro chiuso per sonno
a spegnere la luce
quella frase ripetuta per vizio
sai il male continuo di non vederli mai?
(sai la parola mai? fino in fondo?)

ERA DETTO AQUILONE

Non si chiamava così
ma era detto aquilone
perché quando appariva nel campo di erba
sembrava ondeggiare
e quando vedeva da lontano Maria
pareva innalzarsi
portato dal vento e dall'emozione.

L'ALBERO DELLE CILIEGIE

Bambini guardate
lui è l'albero delle ciliegie
lui è i rami più alti dell'albero delle ciliegie
lui è dove le ciliegie sono mille
dove le ciliegie sono degli uccelli
dove le ciliegie sono felici
lui è le ciliegie rosse!
e a guardarlo
a guardarlo lei perde colore.

SEMPRE PIÙ MI SEMBRI

Sempre più mi sembri una persona innamorata
e so che con me questo non ha a che vedere
e so che con me questo non ha a che vedere.
Ecco perché questo dopocena se ne va a rotoli
e non la smetto più
stasera
di lavare i bicchieri.

VOLTANDO LE SPALLE

Questa volta vado incontro al momento cruciale
preparando una buona minestra
di quelle da mescolare continuamente
da voltare le spalle a tutti mezz'ora
mescolando se no attacca
e il momento cruciale mi avvolge vagamente
mentre doso gli ingredienti
coinvolgendomi del tutto
quando il vapore comincia a salire
e infine sfumando sfumando infine
al momento di voltarsi a dire che è pronto.

PRENDIMI A CUORE

Prendimi a cuore.
Dimmi di mangiare.
Potrei dimenticarmene
o cadere dalla seggiola
al primo segno di disinteresse.

FORMICA

Su non vedi che sono un po' formica
dimmele allora quelle parole buone
le metterò via tutte bene in cantina
per quest'inverno
quando per niente gelo
lo sai come sono fatta.

DEVASTATA

Devastata da un suo guardare
se questo ancora è possibile cosa resta?
Da un dire «accosta» ecco che tutto salta
e la giornata di festa (e la forza)
è passata.

LEVATI BAMBINA

Levati bambina
non vedi che m'attacco al vetro
che fra un minuto casco
gioca più in là a mamme.

SENZA OCCHIALI INTRAVEDO

Senza occhiali intravedo
che quasi quasi mi vuoi bene
infatti pressappoco stai sorridendo proprio a me.
Ma con gli occhiali non si scherza
metto a fuoco perfettamente la tua figura seduta
così moderatamente gentile
e bendisposta nei miei confronti
sorridente per buona volontà.

LINGUA STRANIERA

Di due persone
che mi interessano fino a un certo punto
una volta hai detto che si erano
innamorate reciprocamente.
Hai pronunciato le due parole come fosse niente
e infatti non era quasi niente
per me
la notizia
e però la forza di quel verbo e di quell'avverbio
usati vicini
mi ha fatto pensa girare la testa
e così da allora mi succede sempre
ogniqualvolta cocciuta che sono
voglio riuscire anch'io a pronunciarli
verbo e avverbio uno dopo l'altro
come fosse niente:
mi gira la testa pensa
resto lì incapace
stordita come un bambino da una lingua straniera.

COSÌ TANTE TRAME

Così tante trame
che a te sembra un ragno:
ma no
vedi che nei fili si perde per prima
e tu come libero voli!

IO NATURALMENTE VOLAVO

Sono passata dalla tua finestra che lavoravi
con la testa piegata così
io naturalmente volavo
felice come chissà chi.

È ORA DI DORMIRE ANIMA MIA

È ora di dormire anima mia
perché non dormi? vengono i pensieri?
Fa' così con la mano che vanno via
fa' presto fa' presto anima mia.

LO GUARDAVA

Lo guardava in disparte
parlare in quel suo modo particolare
con due suore
quando improvvisamente lui si voltò
e per mostrarle un'immagine religiosa
la circondò col braccio
e la guardò così profondamente
che le suore restarono impietrite
e anche lei svegliandosi
proprio in quel momento
impietrita per sempre
in quella posizione.

ANDAVI IN CHIESA

Andavi in chiesa per sposarti un'altra volta.
Con la stessa persona di prima.
Io stavo in mezzo agli invitati
ma anch'io ero vestita da sposa.
Certi si confondevano e fotografavano me
ma tu chiarivi immediatamente l'equivoco.

QUEL GESTO

Quel gesto
esattamente quello
che immagino paterno
la mano sulla testa
quel gesto esatto
m'è stato fatto in sogno
solo avevo la testa molto più riccia
– cioè io non sono riccia affatto –
e la stanza era un'altra
come un ufficio
o una scuola
io ero un poco piegata, al risveglio.

ERI LA MIA VICINA

Eri la mia vicina
e da balcone a balcone dicevi
vero signora che bel caldino oggi che fa?
Io alzavo gli occhi dal libro
e poiché sorridevi
giravo di corsa la testa e dicevo
guardi i pomodori che belli
e domani il tempo chissà.

CARO NOME MIO

Caro nome mio mi lasci sola
con quella compagna che andava veniva
oggi si è fermata, con la sua ombra grande
mi copre la bocca la mente
ho paura andava veniva si è fermata
mi prende il nome la voce la gonna
esce si piega si alza compra petunie
raccoglie gatti ride ha i capelli lunghi
porta gli occhiali, tu credi sia io
le dici sei sola.

Io allora caro nome mio
oggi me ne sono andata ad avere nove anni
anzi nove mesi in montagna
anzi mia madre è incinta
anzi si è innamorata
caro nome mio sono rimasta là
non ti scrivo non sono capace.
Che bella mia madre innamorata
la guardo: non sono mai nata.

Il tuo posto vuoto

... plus ils marchaient, plus ils
s'égaraient et s'enfonçaient dans
la Forêt...

SEPARAZIONE

Io dormo sola.
SAFFO

Quando spegne la luce la sera
e si racchiude nella posizione fetale
il tepore materno paterno coniugale
le viene da uno scaldaletto metallico
contenente acqua calda.

IL TUO POSTO VUOTO

Il tuo posto vuoto a tavola
parla racconta chiacchiera ride forte
non sta mai fermo si alza
ritorna mangia avanza sempre un boccone
ritaglia nel formaggio forme di animali
il tuo posto vuoto a tavola
a destra di Miryam
è di fronte a me.

COME AI TEMPI

Paolo questa notte ho sognato
che eri guarito ci pensi guarito
parlavi ridevi facevi delle cose
come ai tempi ai tempi.

VECCHIA

I suoi trenta anni sono diventati cento
parla col pane e con la minestra
ama una coperta
mette la sedia al sole
come una vecchia.

CHIEDI COME CAMPA VIVIAN

Chiedi come campa Vivian
usando il verbo campare
perché del suo vivere
non ti importa più nulla
le volevi bene come un fratello
del suo vivere difficile
non ti importa più nulla.

MINUSCOLA

Mentre versava l'acqua pensava
se non ne cadrà nemmeno una goccia
un poco ancora si ricorda di me
e versava con attenzione
versava e non cadeva nemmeno una goccia
nemmeno una finché ne cadde una
piccolissima minuscola.

QUASI SAN FRANCESCO

Non lasciate che si isoli così
parla con il basilico che è dentro il vaso
e con i pesci che muovono la coda
e con il gatto che dorme sul cuscino
e coi pidocchi verde tenero delle rose
e coi ragnetti appena appena nati
e con Brigante che sarebbe un cane
vive in povertà e non le dispiace
ma
non lasciate che si isoli così
ieri ha avuto visite e sbagliava i verbi
anche l'uomo le interessa molto.

STA DIETRO AI VETRI

Sta dietro ai vetri
un po' più del normale
intendo i vetri di casa
se fossero vetrine
allora sì direste che è normale.

NON PARLA

Non parla
e ha un gatto in braccio.
Ma non approfittatene per giudicarla a prima vista.

DELL'INTELLIGENZA DEL CUORE

Dell'intelligenza del cuore
vi interessa poco
nulla.
Io vi sono marziana.

FATE PIANO

Fate piano si è addormentata
la televisione se l'è cullata
fate piano non sia svegliata
sta sognando di essere amata.

NE È DA POCO PASSATA LA MORTE

Ne è da poco passata la morte
che il suo viso già sfuma nella tua memoria
e le poche parole e la follia trattenuta.
Del resto sarà all'incirca così là sotto
dove di lei saranno sfumate ormai
con la miopia
la vulnerabilità, e le unghie.

Ho una bella bambina

... il vit une petite lueur comme d'une chandelle...

ALLA MIA FIGLIA GALLINELLA

> Ho una bella bambina.
> ...
> Se mi date la Lidia intera io non la do
> se mi date l'amabile... io non la do.
> SAFFO

Oggi torna dal mare la mia gallinella bianca
con le sue due ali che non sanno volare
e le piume leggere e spettinate
e i due occhi attenti
a dove meglio beccare.

LA FINESTRA DELLE FARFALLE

Vieni corri a vedere
ce ne sono tre ce ne sono quattro ce ne sono cinque!
ancora una guarda!
e sotto c'è un'ape e c'è una mosca
tutte in fila immobili
sul muro fuori dalla finestra
nella striscia stretta dove batte questo filo di sole
mentre tu fai i compiti.

IO TRA VOI

a Paolo e Miryam

A letto
io tra voi come a volte
siamo scivolati nel sonno tutti e tre da una parte
e perciò vi sento respirare benissimo:
una come ancora giocando
e l'altro così familiare.

IN MEZZO A INDIANI

In mezzo a indiani
e piccoli cani
mia figlia e i suoi amici
hanno in corso l'infanzia
e come avvertirli?

IL RE DEL BALCONE

Con questo chiaro di fuori mamma che belle le sere d'estate!
Loro giocano e giocano.
Io sono il re del balcone che resta a guardare.

C'ERA UN CASTELLO

C'era un castello
e avevo un manto
e sotto il manto avevo bambini.
C'era un castello con intorno giardini
volava il manto
volava il cielo
volava il verde di tutti i giardini.
C'era al castello un re molto bello
che in piedi nell'erba rideva forte.
E il cielo volava
e il sole volava
volava anche il manto con sotto i bambini.

PINOLI PINOLI

Mia figlia quest'estate
vendeva i pinoli
che prendeva dalle pigne
che cadevano dai pini
si sedeva per terra
e diceva pinoli pinoli dieci lire.

FUNGHI

Silenzio attenzione meno tre due uno
si ascoltino i funghi
che nel bosco stanno spuntando
uno buono uno velenoso
uno buono uno buono uno velenoso.

Poeti

... hélas! mes pauvres enfants, où
êtes-vous venus? Savez-vous bien
que c'est ici la maison d'un Ogre
qui mange les petits enfants?...

SUI VETRI DELLA FINESTRA

superior stabat lupus

Sui vetri della finestra
scrive con un pennarello rosso
parole con la sua bella calligrafia minutina
e lei le legge dichiarazione di non amore
(tra un articolo e un sostantivo formine di cielo).

SAI LA RITA

Sai la Rita quella che hai visto tu
parole sicure quotidiane
boschi bandierine ragnetti
i pidocchietti dei bambini le pulci dei cagnolini
sai la Rita quella che hai visto tu
ninnenanne piantini chicchere di caffè
pentolotte sotto le coperte piedini
sai la Rita quella che hai visto tu
è venuto il babau e non s'è vista più.

LUPO CATTIVO

Tutte se le sbrana
ogni giorno un morso
con impietosi denti affilatissimi
ma poi le tiene in vita con avanzi e acqua
mai lascerà che muoiano
per giocarci ancora.

I MATTINI GHIRO MIO

> Breve è la luce del giorno.
> ASCLEPIADE

I mattini ghiro mio
come vorrei che tu imparassi ad amare i mattini
soffriresti meno ad alzarti forse
se da te fosse come qui
che quando apri le finestre
subito hai lì alberi perfetti
immobili ma a guardare bene
con anche un punto dove le foglie tremano
per un uccello appena volato via
al rumore della finestra
(o forse ghiro mio avresti sonno lo stesso).

LETTERA DAL BALCONE

Ti scrivo dal balcone
dove resto ancora un poco questa sera
a guardare l'orto al sole di settembre
a mangiare pane e olio e foglie piccole di basilico
ti scrivo meno fiera di quello che vorresti
sono una donna forte sì
ma con anche continue tentazioni di non esserlo
di lasciarmi sciogliere d'amore al sole
e carezzarti e baciarti un po' di più di quello che tu voi
ti scrivo dal balcone
guardando il fico pieno di frutti
e il pero con le foglie malate
ho qualche pensiero triste
e due o tre sereni.

SERA

Sera è ora di andarcene a dormire io e te
di spogliarci accarezzarci
e se uno di noi due qui non c'è
allora vada solo l'altro a letto
che ore saranno senti piove di nuovo
aveva smesso.

DECLINAZIONE

Lo sai vero
che in questo momento
sei tu il complemento oggetto preferito
della sua voglia di amare
tu il suo verbo da coniugare spogliare
in tutti i modi e i tempi possibili
il nome da declinare
china sei volte
dal nominativo all'ablativo esausta.

NEL BOSCO

Chiudo gli occhi per vederti meglio
che bocca grande hai
il lupo ci guarda che guardiamo i funghi
e le castagne
ci segue
aspetta che ci fermiamo
ci mangia
se ci baciamo nel bosco

SIAMO DUE POETI

Siamo due poeti infreddoliti
raffreddati
restiamo così sotto le coperte fino a domani
leggermente malati.

SOLE INVERNALE

Fa bene al mio male
questo sole invernale
fa male al mio cuore
il tuo freddo tepore.

VOLEVO SOGNARE IL POSTINO

Volevo sognare il postino
con una lettera in mano
invece ho sognato il postino
senza una mano.

LE SUE ALI INFANTILI

Le sue ali infantili
spiccano ogni volta felici il volo
incontro a chi spara.

IO SENTI ERO TUA MOGLIE

Io senti ero tua moglie
il pianoforte nostro poi talmente lungo
che suonavamo insieme a dieci mani:
io e Tiziano un po' male
il marito di Ornella benino
Irlando proprio bene
e tu così così.

PESCE CHE VOLA

Tu meravigli la mente dei fanciulli.

ALCEO

(dicono che lì trascorra la maggior parte della sua
esistenza sarebbe inutile cercarlo altrove)

specie d'acqua dolce conduce
un'esistenza più o meno
solitaria per gran parte dell'anno ama
molto i fondi dove si riposa reso
invisibile dal colore del suo corpo talvolta
capita di pescarlo poiché
si attacca con facilità alle
lenze con esche per pesci piccoli

di indole timida fugge in volo al
minimo allarme sa nascondersi
con grande abilità fra le
fronde degli alberi alti
benché viva solo incontra
talvolta un congenere nelle
sue migrazioni costruisce nidi
in parecchi luoghi e vi si
rifugia quando c'è brutto tempo

meno noto dell'airone grigio
gli somiglia per colore delle piume e abitudini di vit.

ma è molto più piccolo se inseguito fugge o a volte
resta immobile vicino alla riva di
indole tranquilla non tenta
di mordere tuttavia non è facile da
addomesticare
il primo esemplare rimase impigliato in
una rete che passava a strascico a
quaranta metri di profondità la scienza
lo ha scoperto da poco ma
in realtà già da centinaia
di anni i pescatori indigeni lo conoscevano e
lo catturavano per cibarsene
(dicono che lì trascorra la maggior parte della sua
esistenza sarebbe inutile cercarlo altrove).

TIENIMI

Tienimi ancora un po' preziosa
mangiami
a Natale.

IMMOBILE

Sto ferma immobile:
sono commossa di te.

REGALI DI NATALE

a G.

Per Natale ti faccio i seguenti regali due punti
caramelle svizzere per quando hai la tosse forte da far paura
che non mangerai mai
filtri per quando fumi che butterai dalla finestra
un bicchiere piccolo per bere di meno figuriamoci
dei gettoni per telefonarmi una sera da un bar
una bugia di terracotta per quando avremo buio
una piccola spada perché sei il mio amore pericoloso
e poi anche un pezzetto di me quale vuoi?

POSSO?

Posso saltarti al collo?
fare un sogno di te?
guardarti e toccarti?
assaggiarti un pezzetto?
farmi i codini fischiare?
giocare al lupo avere paura?
mangiarmi tutta con la tua bocca?
sì?

REBUS FACILE (9,10)

Una testa con la corona
una elle apostrofata
una figura china a mettere tagliole:
RE L'AZIONE PERICOLOSA.

REBUS DIFFICILE (?,?,?,?)

Si vede un pollaio con dentro una gallina che ha paura
si vede una vecchia
una volpe
una donna con un fucile
qualcuno ha cancellato le lettere chiave
non si capisce bene il disegno
non si capisce chi è più in pericolo
se la gallina (le ali sbattono forte ha molta paura)
o la vecchia volpe (ha gli occhi furbi ma sta guardando il fucile)
non si capiscono bene le cifre
forse 5 2 3 3
se almeno tu mi aiutassi a capirci qualcosa invece di far finta
                                                              [di niente.

DESTRA O SINISTRA

Guardando il portone
dimmi quali sono le tue finestre
quelle a destra o quelle a sinistra?

(ma perché non si sa mai
questa cosa fondamentale di te?)

50

POVERINO

Poverino
che ti hanno fatto ammaiare
e che ora pretenderebbero di consolare
con questa melina
nemmeno troppo matura
insipida.

MASCHERINA

Comincio a conoscerti mascherina
una volta che eri distratto
ho alzato un angolino
ho sbirciato sotto
ho visto un pezzetto ai te
della tua pelle.

MUSO DI VOLPE

Muso di volpe volpino volpone
che vedo le tue orme sulla neve
avanzare a due a due
fare un giro intorno all'albero
che spunta una bella coda colorata:
aspetto la zampata.

RIDIMENSIONARE

Quest'operazione
che la costringete sempre a fare
«ridimensionare»
non è come stringere un vestito
non è indolore
si taglia la pelle del cuore.

VIENI MICIO

Vieni micio
scappiamocene di casa io e te
facciamo fagottino
tu con la tua coda nera
io con la mia tra le gambe
mettiamoci in cammino.

INTERVALLO

Voi alzatevi andate a fumare
io resto.
Guardo le teste davanti
i vicini di posto
mi giro tre quarti
movimenti minimi.
Niente o pubblicità sullo schermo.

POESIA ILLEGITTIMA

> Stellina, ma perché piangi...?
> ORAZIO

Quella sera che ho fatto l'amore
mentale con te
non sono stata prudente
dopo un po' mi si è gonfiata la mente
sappi che due notti fa
con dolorose doglie
mi è nata una poesia illegittimamente
porterà solo il mio nome
ma ha la tua aria straniera ti somiglia
mentre non sospetti niente di niente
sappi che ti è nata una figlia.

POESIA MALATA

Ci deve essere un'epidemia
anche questa mia poesia appena nata
si è già bell'e malata.
Appena tu l'hai letta distaccatamente
senza fermarti e senza dirle niente
si è sentita girare un po' la testa si è appoggiata
si è svestita si è messa a letto
dice che è malata
ha guardato un po' le cose intorno distrattamente
poi ha chiuso gli occhi e non ha più detto niente
come Mimì finge di dormire
per poter con te sola restare
sta lì così melodrammaticamente
sta lì così senza dire niente
già così ridicola e disperata
appena appena nata.

PREVISIONI DEL TEMPO

*(non è la Musa della Poesia
è il tuo bel Muso di Poeta
che mi ispira)*

Su tutte le regioni d'Italia prevedo
cielo coperto o molto nuvoloso
con possibilità di schiarite a San Siro
e locali rovesci verso Viale Argonne quando
tu uscirai a prendere il tram.

Poi prevedo che per una settimana pioverà la pioggia
e se la grata è piena di foglie
entrerà acqua nello scantinato
e si bagneranno i giornali.
Nei fiumi i pesci saranno contenti tu
correrai a ripararti sotto il cappello
per evitare che ti piova sugli occhiali.
Sulle Alpi invece precipitazioni nevose
e nevicherà la neve anche sul Monte Stella a Milano

dove i bambini slittano sui sacchi vuoti dei rifiuti
forse non li hai mai visti.

Poi urlerà il vento e fischierà la bufera
noi due staremo al calduccio sotto le coperte
a sentire i lupi che grattano l'uscio
staremo vicini vicini
(ai rispettivi coniugi).

E chicchi di grandine grossi come uova
picchieranno sui tetti delle 127
e sulle povere vigne.
Come bestemmieresti se tu fossi contadino.

Nei mari molto mossi o localmente agitati
i pesci balleranno
sotto i piedi salati e stanchi
dei poveri pescatori
sorpresi al largo da venti
provenienti come te da nord-est.

Ma poi lo so già tornerà a splendere il sole
sui petti rossi dei pettirossi
sulle lenti degli occhiali miei e tuoi
sui parabrezza delle automobili
e in curva abbasseremo tutti insieme i parasole
con una mano.

Banchi locali di nebbia in Val Padana
e in Via Gaetano Moretti 21
dove la facciata della mia casa
che la padrona da vent'anni non vuole rifare
resterà nel vago e ci guadagnerà.
Se mi verrai a trovare ti perderai
farò annusare un tuo verso al mio cane
e partiremo a cercarti.

Ancora una settimana di piogge
che dalle parti di Viale Argonne
assumeranno carattere temporalesco
e tu per i tuoni
ti tapperai le orecchie.

Ma verso sera rosso di sera bel tempo si spera
e io uscirò come una gallina
a guardare l'arcobaleno
(sopra il tetto della tua casa).

E infatti domani lo so tornerà a splendere il sole
e tu andrai a spasso a nord-est di Milano
con la tua famiglia
e io a nord-ovest
con mia figlia.

VENTO

I

Non sei venuto questa sera all'appuntamento
va bene che c'era un po' di vento
e non ti avevo detto da che parte della stanza
e non sapevi poverino l'ora esatta
ma solo la sera della settimana
non mi ricordo più le cose
da quando ti sono stata presentata
proprio quella sera che non mi hai notata
abbiamo parlato solo due tre volte
ti ho detto solo quattro cinque cose
nome cognome e che sono separata
non puoi saperlo poverino
che mi sono innamorata

II

Nonostante ci fosse un po' di vento
sei venuto questa sera all'appuntamento
e mi hai dato due baci sulle guance
e mi hai fatto una carezza e un complimento
mi gira forte la testa
ma non c'entra il vento

III

Non sei venuto questa sera all'appuntamento
eppure non c'era in cielo il vento
e ti avevo detto da che parte della stanza
e anche son sicura l'ora esatta
non mi muovo sto qui ad aspettare un complimento
e siccome mi sono innamorata io mi sento
con dentro alla testa un po' di vento.

PRECIPIZIO

Come in un film da ridere
mi stai facendo la fotografia
e mi dici di fare un passo indietro
ancora uno ancora uno uno
mentre mi spingi verso il precipizio
ti sorrido fiduciosamente
(forse hai agito innocentemente).

TUMORE

Lentamente silenziosamente
mi sta crescendo dentro un amore
come un tumore.
È nato a forma di puntino invisibile
poi a poco a poco è cresciuto mi ha preso tutto il cuore
lo sento che avanza e avanza
con paziente furore.

19 APRILE

È il giorno del suo compleanno
in un angolo al sole si lecca le ferite
certe fanno tanto male
e certe sono un po' guarite.

AFFINITÀ ELETTIVE

Con i miei amati fiori hai preso il raffreddore da fieno
con il mio dolce amore hai fatto indigestione di marmellata
con la storia della mia vita la pizza delle pizze
con le mie care lettere barchette su barchette
le mie poesie le hai accompagnate di corsa all'asilo
insomma affinità elettive poche pochine nessuna
(sarà per questo che brilli così nel mezzo del mio cielo?)

HO DISEGNATO

Ho disegnato una piccola casa di cemento
poi ho aperto la porta
e ti ho messo dentro
quando scenderà la notte e sentirai bussare
non sarà il vento
saranno le stelle a cento a cento.

PENSIERI DI CARTA

Disturbo? Scusa guarda
questa pagina bianca sono io la mia mente
i caratteri neri sono i pensieri pensati per te
per esempio io penso sei aria sei cielo
sei aria di cielo io sono zampino pulcino ti pigolo vieni
andiamo a fare l'amore con me e con te.

REPERTO MERAVIGLIOSO

Tra mille e mille anni studiando la
tua storia il sovrapporsi degli
strati il contenuto in
fossili contando gli anelli
concentrici dei tuoi anni scoprendo
questo segno leggero lasciato da
te la traccia interrotta l'incisione per
sempre che sei le nervature delicate della
tua foglia sarò studiosa di te della tua
struttura inalterata dell'alone luminoso
della tua follia del soffio della tua
poesia scaverò tremando
troverò l'impronta della tua ti
lì così.

IN-FANZIA (ETÀ DEL NON PARLARE)

Spaventata le sta succedendo
di avanzare giorno per giorno indietro nel tempo
adulta sta toccando il traguardo
di un letto a forma di culla
dal basso vi guarda le ombre
giganti passate muovete le labbra le bocche
lei non comprende la lingua
spaventata vi guarda che andate di là
piange vi vuole lì accanto
toccarvi mettervi in bocca
incantata vi guarda dal basso le ombre le bocche
vuole scoprire decifrare la lingua
vi chinate le date un gioco di gomma
andate di là lei non riesce a parlare
nel silenzio la sentite fare piccoli versi
tentare.

Teresino

... aussitôt que le Petit Poucet
entendit ronfler l'Ogre, il réveil-
la ses frères... Ils descendirent
doucement dans le Jardin...

(si era innamorata di teresino
perché si don do la va su un piede
come un bambino)

teresino piantina
rara
delicata

(ti seminavo spuntavano
tanti teresini)

quanti anni hai teresino tre quattro vieni
che ti porto a vedere là a destra e
sinistra della primavera e lassù per mano
quanti anni hai novantanove cento teresino che guardi
l'acqua del fiume andare i pescatori pescare quello è
un povero asino legato quel pioppo che cade
è il taglialegna che lo ha segato quell'ombra nell'acqua è il
riflesso dell'asino legato

teresino che ti fa male forte la testa chi
è stato che ti ha bastonato
dimmelo di che colore erano gli occhi
che ti hanno guardato chi è
stato che ti ha stregato?

senti ascolta questa fa
vola che ti racconto vicino al tuo letto
di c'era una volta in una città lon
tana lon tana un bambino di nome Bucarest

che abitava con le sue ali in cima a un cam
panile...

teresino innocenteinnocente teresino che
non sai niente di niente vieni qui di na
scosto che ti voglio spo gliare facciamo pia
no ti voglio guar dare vieni ti voglio in
segnare

teresino malato malato
adesso ti leggo una medicina ti
racconto una vitamina

anch'io mi sono malata
visitami sto qui buona buona sdraiata

teresino appena sfebbrato...

l'acqua dentro al bicchiere
sul comodino
guardala che bella teresino

teresino minuscolino questa
notte ti è cresciuta un'ombra ti è spun
tato un pensiero

teresino filo di voce vocina
piumina malata che dice
che vuole chiudere gli occhi dormire
piumina che si è stancata piu
mina che si è po sa ta

teresino mio convalescente
alzati dal letto lentissimamente
vieni che ti vesto e ti porto un po'
a spasso senti quest'aria come
è tiepidina gioca un po' con i tuoi
figli questa mattina

teresino bello sei quasi guarito
sei tutto profumato e hai il vestitino pulito
teresino anima piumina...

Camminavi avevi
il tuo pallone sotto il braccio

le briciole cadevano dal tavolo le
formiche guardavano in
su dicevano «la neve»...

la morte era buianera
arrivava di sera

nel bosco nel cuore del cuore del bosco
gli occhi dei lupi ti sbranavano poverino

guardavi pioveva
i prati si erano bagnati

passavano le suore cattive vestite di
nero le suore buone vestite di
bianco

bussavano all'uscio
avevamo paura di chi era

un foglio bel bianco intingevi
il pennino mi scrivevi una
lettera firmata teresino

sola sola poi
se venivi avevi male qui e
qui giocavamo al dottore teresino

stavamo alla finestra ci parlavamo
negli orecchi

pendevi un po' facevi
la torre di Pisa

eravamo bianchi leggeri
nevicavamo teresino

andavi allo zoo guardavi tanto
la tigre

poi miagolavi sapevi fare
le fusa

aprivamo il cancelletto dell'orto
c'erano le lumachine

mi portavi in un angolino mi
toccavi teresino

di là nella camera dei bambini facevi
i brutti sogni

sotto il letto dormivano i
ladri senza fiatare li ascoltavamo re
spirare

corri vieni a vedere sembra
non ci sia niente ma non è
vero guarda...

adesso ti dico un segreto lo sai che di
notte quando scocca la mezzanotte...

il letto si è addormentato il
cuscino con teresino appoggiato

teresino con tanto sonno
dentro di sé

quando si addormentava a un certo
punto della notte mille...

teresino che era una stella
due stelle

teresino che gioca e gioca
io guardo teresino che gioca

mangia su
questo cucchiaio è per il tuo bambino questo
per non mi ricordo più a
iuto teresino

stavi lì incantato davanti
al frigorifero spalancato

da dietro le tende arrivavano gli
assassini erano lon
tani ma erano vicini

ci inseguivano le
ombre sui muri

dove aiuto sono i
luoghi le case

teresino che hai perso la strada prova
a incamminarti di lì anzi
no prova anzi teresino

a un anno non ho
imparato a parlare
teresino

i rintocchi delle campane scappavamo
chiudevamo forte le orecchie

non ti ricordavi quasi di niente
(ma quella mela poverino)

i mesi dell'anno le quattro
stagioni i giorni erano 365
sembravano tanti

non andavi via per sempre la fine
non era ancora finita
durava tanto la vita

vendevano le cose davano
il resto i soldi teresino

spuntavano certe foglie minuscole certi
insettini

i bei film al buio il primo
tempo il secondo tempo

sfogliavi la fiaba di Alice la pagina
uno la pagina due

facevi a margine segni leggeri...

disegnavi annusavi il profumo buono delle
gomme delle bricioline delle gomme

non eri capace di fare le vacanze
ti perdevi
sulla spiaggia trovavano un bambino di nome teresino

nel mezzo del mezzo del mare
ma un po' di lato
un polipino...

le belle cartoline le lettere
chiuse dentro le buste i
segreti

la nebbia la neve vieni
alla finestra teresino guarda
gli alberi sono diventati meravigliosi

sulla punta dell'albero di
natale salivi mettevi la stella

in fondo alla grotta luccicavi
facevi il tesoro

Ma poi la guerra guardavi i
voli delle bombe

girotondo girotondo cascava il mondo
teresino cascava la terra, il tuo babbo, teresino

le voci zitte dei morti

i morti vogliono essere ricordàti leggere
il giornale mangiare i gelati

anche le case cadono per terra armiamoci teresino
partiamo io e te
faremo a pugni vendicheremo tutti

cammina cammina ma il cavallo di legno non cammina
teresino che avevi il magone
una faccina...

Teresino squisito

sì facciamo l'amore pia no pia no incominciamo...

mi spogliavi
sotto le coperte ti toccavo facevi
delle goccioline

eri squisito ti assaggiavo
poi ti mangiavo piano sentivo un saporino

mi bagnavi tutta nuo ta va mo
teresino

ti batteva forte il cuore
ci addormentavamo...

Teresino teresino sparito

ma un mattino
teresino teresino sparito

teresino teresino sparito

segni di zampette sulla neve

le mie lettere morte a pezzettini
in mille cestini

teresino teresino sparito

avevamo giocato a nascondino forse eri
sotto il tavolo dove pendeva la tovaglia

fuochino fuochino ti avevo quasi
trovato quasi toccato

(quel sogno che avevo sognato
una lunga fila di teresini
affacciati ai finestrini...)

c'era una volta il tempo
passato c'era teresino
ma poi è volato

teresino inventato sognato

avevo fatto un bel sogno avevo sognato un bambino
a forma di teresino

(si era sognata che teresino
si don do la va su un piede
come un bambino)

... ils coururent presque toute la nuit, toujours en tremblant et sans savoir où ils allaient.

Il signore d'oro

al Dottor B.M.

IL SIGNORE MAI

Era un signore bello e meraviglioso.
Vicino a lui non si poteva stare sempre sempre, bensì mai.
Lui, il Lontano, viveva dispettoso con la sua famiglia, in un altro luogo.

IL SIGNORE DELLA SCATOLINA

Un signore aveva una prima moglie.
In più in una scatolina ne aveva anche una seconda, segreta, molto piccola.
Come faceva a respirare la moglie nella scatolina?
Nella scatolina c'era una finestra minuscola, inoltre c'erano uno scrittoio e un lettino.
Il signore voleva molto bene a tutte e due le sue mogli e tutte e due le sue mogli volevano molto bene al signore.

IL SIGNORE QUI

Luccicante di sole la strada lo portava.
Da lontano a Milano lo portava.
Tutte le forze di velocità giravano giravano le ruote affinché il signore lontano diventasse un signore qui.

IL SIGNORE PROFUMATO

Completamente inebriato, quel fiorellino annusava quel signore.
Era un signore profumato?
Sì, era un signore come un prato.

IL SIGNORE E ROMA

Vieni vieni diceva Roma a un signore.
Roma parlava?
Sì.
Vieni vieni – diceva – per mezzo di un buonissimo viaggio vicino ai finestrini.
Era così gentile Roma?
Sì, e il signore ne fu molto abbracciato e accarezzato.

IL SIGNORE DELLA NOSTALGIA

A distesa a distesa suonavano le campane, era in arrivo stava arrivando era arrivata la Nostalgia.
Era una Nostalgia di chi?
Era una Nostalgia di un signore.
Andato via?
Andato via.
Era una nostalgia grande?
Era la Nostalgia più grande di tutta la vita.

IL SIGNORE ACCAREZZABILE

Più di tutto difficile era quando sui letti le notti calavano e le carezze si mettevano in cammino.
Al termine della strada non trovavano esse lì il signore accarezzabile per cui la partenza aveva avuto luogo.
Sbigottite lo cercavano lo cercavano ma il signore all'arrivo non c'era.

IL SIGNORE DELLA LUNA

Non voleva stancarlo voleva riposarlo come una luna.
Come una luna azzurrognola?
Sì, che brilla sui sentieri delle colline e delle montagne.
E le città?
Va bene anche un po' sulle città.
E quel signore voleva che lo si riposasse?
Sì, qualche volta quel signore voleva le azzurre braccia della luna tutt'intorno a sé.

IL SIGNORE DEGLI ASTRI

In cielo splendeva il sole.
Per fare?
Per lei andare a spasso con quel signore.
Era una bella passeggiata?
Meravigliosa, anche gli astri del cielo, in ordine sparso, vi partecipavano.

IL SIGNORE DELLA BUONANOTTE

Da un letto lontano lontano con tutta la migliore sestessa buonanotte gli augurava.
C'era la luna?
Oh sì la luna e anche le mille stelle, più le fronde degli alberi e le addormentate acque, con tutto tutto buonanotte gli augurava.
E il signore sentiva?
Sì, il signore piano piano sentiva, mentre si addormentava.

IL SIGNORE DELLE IMPRONTE

Nella luce del cielo alle diciassette di quella sera le cose erano erano stagliate così bene oh ci fosse stato quel signore a vederle con lei le cose stagliate dell'universo.
Invece non c'era quel signore a vederle? era andato via?
Sì, le strade avevano rubato i suoi passi, messo le sue impronte in fila con le punte girate di là.

IL SIGNORE INTOCCABILE

Nei sogni baciabilissimo, intoccabile come un filo scoperto
nella realtà, era quel signore.
Allora come fare?
Bastava confondere un poco sogno e realtà, cancellare con una
bianca gomma l'inutile linea di confine.

IL SIGNORE E LA PIOGGIA

Piovendo, nelle sue sicure braccia l'abbracciava.
E la pioggia?
La pioggia fuori piano pioggerellava.
E dopo?
Dopo non si sa, erano al prima.

IL SIGNORE DEGLI ORIENTAMENTI

Gli orientamenti futuri avrebbero dovuto propendere in direzione di maggiori affettuosità?
Oh sì. Sempre maggiori sempre maggiori finché la quantità a
suo tempo dovuta fosse alfine raggiunta.

IL SIGNORE DELLA TENDINA

Abitava in un'automobile elegante.
C'erano due poltrone con l'appoggiatesta, due senza appoggiatesta, due cassetti per il cibo, un ripiano di libreria, una tendi-
na per la notte.
Non rimaneva molto spazio, poteva ricevere solo signore piccole piccole (una alla volta) le baciava molto (dietro la tendi-
na) specialmente una.

IL SIGNORE TESORO

Solarissimo sabato, ma non qui era il signore, lontani chilometri essendosi frapposti tra le case.
Lei riempitissima di lontananza senza cercarlo ovunque lo cercava.
Ma qualcun altro aveva da tempo per sempre trovato il suo tesoro, seguendo una precisa mappa da lei mai posseduta.

IL SIGNORE LODEN

Da lontano lontano di giorno di notte, grigio il suo loden lupo vedendo anche minimamente spuntare, brillava lei dentro dentro di sé.
Distoglieva lo sguardo per poi pentita subito di nuovo su di lui dirigerlo come un fotografo per infine scattare la pensata fotografia.

IL SIGNORE DELLA POLTRONA

Poiché pur sentendoci bene volevano sentirci ancora meglio, stavano sempre vicini vicini per facilitare le orecchie.
Per esempio non stavano seduti su due poltrone, bensì su una.
Lì parlavano fitto fitto, a lungo, capendosi alla perfezione.
Ma non stavano un po' scomodi su una poltrona sola?
No, essendo un signore e una signora di forme complementari, lì stavano perfettamente, come due contigui puzzles.

IL SIGNORE DEL NIDO

Certuni non ascoltano gli uccelli nuovamente anche quest'anno cantare, quel signore sì.
Allora perché con lui non costruire un nuovo più benfatto nido con rametti fili d'erba piume più un lettino?

IL SIGNORE DELLA SCALETTA

Una signora si innamorava sempre di più e un signore si inna-
morava sempre di meno.
Era tutto il contrario di un amore corrisposto.
Nel mezzo della stanza dove si incontravano c'era un letto
grandissimo, dalle lenzuola meravigliose.
Il letto era un po' in alto.
Ma, per eventualmente salire, vi era lì un'apposita scaletta.

IL SIGNORE AMATO

La voce della pioggia come un signore amato la chiamava.
E cosa diceva?
Diceva vieni vieni, vieni tra le mie braccia, làsciati.
Così diceva la pioggia?
Sì, vieni vieni, piccole carezze come gattini ciechi si avvicina-
no, sdràiati.
Così diceva la pioggia?
Sì, vieni vieni diceva la pioggia, apriti.

IL SIGNORE GENTILE

Era un signore come un cielo gentile, gentilmente col suo gentile cuore la guardava.
E intanto la vita?
Intanto la vita persempre persempre se ne andava, intanto la
vita come una bella vela quasi era sparita.

IL SIGNORE CHE NON ARRIVAVA

Alla finestra di una casa una signora aspettava sempre un si-
gnore che non arrivava.
E allora perché lo aspettava?
Perché la signora non lo sapeva che il signore non arrivava.
Questo lo sappiamo noi, non lei.

IL SIGNORE SOGNATO

Splendidissima era la vita accanto a lui sognata.
Nel sogno tra tutte prediletta la chiamava.
E nella realtà?
La realtà non c'era, era abdicata.
Splendidissima regnava la vita immaginata.

IL SIGNORE SENZA FINESTRE

Non poteva sapere che tempo faceva, era un signore senza fi-
nestre.
Per saperlo doveva aprire la porta, uscire a guardare. Oppure
telefonare a una signora e la signora gli diceva tutto.
Che tempo faceva quel giorno?
Quel giorno faceva tempo di neve, disse la signora al signore
senza finestre.
I fiocchi stavano per scendere dal cielo a mille a mille.

IL SIGNORE LONTANO

Era un signore che c'era e allora dov'era, perché non era lì dove si sarebbe desiderato che fosse?
Era un signore lontano, oh così lontano che nessuno mai da
lassù poteva avvistarlo e gridare terra terra.

IL SIGNORE USIGNOLO

Inaspettato usignolo nelle orecchie, domenicalmente il signore
disse pronto, c'era.
Alle ore 11 del mattino d'oro si accomodò l'usignolo nel nido
protetto, a destra e a sinistra della mente, vegliato dagli occhi
quieto si addormentò.

IL SIGNORE ALATO

Una signora non voleva perniente perdere un signore alato che aveva trovato.
Voleva tenerlo fino a persempre con sé e poi con lui dall'alto dell'aria tutto curiosa osservare, le gesta dei venuti dopo bisbigliando nelle aeree orecchie commentare.

IL SIGNORE IN FONDO AL MARE

Un signore qualche volta andava in fondo al mare a vedere i diversissimi pesci che lì passavano.
I pesci si accorgevano?
Sì, i pesci guardavano il signore e anche dopo che era uscito dal mare, anche dopo tanti anni, se lo ricordavano.

IL SIGNORE DEL TRADIMENTO

Tutti gli altri signori non desideravano essere traditi, lui sì.
Era un signore che non le voleva bene.
Un giorno, con una scusa, il signore la mandò da un altro signore che abitava in Via Benedetto Marcello, ma lei non cadde nel trabocchetto. Tornò indietro immediatamente, a razzo.

IL SIGNORE ANDATO VIA

Era un signore andato via.
A lei qui rimasta tantissimo mancava.
La traccia da lui lasciata segnava ovunque intorno a lei l'aria.
Come un quadro spostato per sempre segna la parete.

IL SIGNORE MENO

Ognuno era più innamorato di lui.
Non sentiva la tua mancanza, non gli venivi mai in mente, non ti veniva a trovare, non ti faceva mai una telefonatina, non ti scriveva da nessun luogo, non ti accarezzava minimamente.
Almeno dava baci?
Mai. Nessuno era meno innamorato di lui.
Era il meno innamorato di tutti i signori del mondo.

IL SIGNORE DELLA PIPA

Era un signore che fumava la pipa.
Non sempre, solo se non c'era nessuno.
Allora una signora fece un buchino nel muro.
Quando il signore accendeva la pipa, il fumo usciva dal buchino del muro, avvertiva la signora che correva a guardare: era un signore che fumava molto bene.

IL SIGNORE DEL BUIO

Lavorava dove c'era buio.
Per questo portava lenti speciali che vedevano anche cose invisibili, per esempio una volta vide una paura.
Nelle notti più nere una signora gli portava una candelina, lui la ringraziava molto, metteva la candelina su un piatto, la fiammella era piccola ma un po' faceva luce.

IL SIGNORE NAVE

Si era un po' allontanato come una nave.
Come una nave in fondo in fondo al mare? non si vedeva più?
No, un poco ancora si vedeva. La bella vela che emozionava tremava visibile laggiù.

IL SIGNORE DELLA LETTERA

A un signore per le vacanze partito una signora inviò in fretta
in fretta una lettera con dentro – se stessa.
Quando il signore aprì la busta la signora sorridendo ne uscì,
era arrivata.
E il signore cosa disse?
Il signore fece un salto e non disse, un poco si arrabbiò e un
poco rise.

IL SIGNORE CHE PARTIVA

Era un signore che partiva ma dopo ritornava.
Comunque partiva.
Comunque ritornava.
Stava via tanto tempo quel signore?
Sì, ma il tempo passa e dopo le partenze delle persone amate
vengono i ritorni delle persone amate, le braccia si abbraccia-
no tanto come per non lasciarsi più.

IL SIGNORE DEL PERGOLATO

Di 50 anni e anche senza zero 5, c'era un signore adorato.
Ieri da bambino lì sotto il pergolato del suo nonno severo e
buono tra l'uva felice camminerà.
Con chi e fino a quando camminerà?
Con le sue persone amate, persempre fino a sera e notte quel
signore adorato camminerà.

IL SIGNORE NATURALE

Innamoratamente, mentre lui leggeva lo guardava.
Tra le sue lunghe ciglia di alberelli vedeva nidi di famiglie cin-
guettanti e numerose, lì sui rami all'ora di cena tutti insieme si
mangiava.
L'azzurro filo di inchiostro con attenzione il signore seguiva
bene per capire.
Non lo disturbavano il cinguettare e il solletico delle piume
nell'aria intorno?
No, poiché quel signore studioso era anche naturale.

IL SIGNORE DEL MESE DI SETTEMBRE

In un dolce sereno mattino un signore che camminava pensava.
A cosa pensava precisamente quel signore?
Pensava al mese di settembre così volenteroso di piacere quel-
l'anno, lo guardava.
Guardava il mese?
Sì, guardava il mese sereno e nuvoloso e camminando gli parlava.

IL SIGNORE NON SEDUTO

Un signore non accanto a lei era seduto.
Non dai finestrini indicava il panorama, guarda come è verde
nessun colle.
Non era stanco, non aveva fame, nessun pasto tra loro, nessu-
na cura.
E allora?
Allora il dolore scendeva sopra il viaggio.

IL SIGNORE E LA BAMBINA

Chinatosi, qualcosa da terra raccoglieva.
Che cosa?
Credo una foglia, oh no era una microscopica bambina.
Bambina?
Sì, lunga come i millimetri e tutta avvolta in una colorata vestina.
E dopo averla raccolta?
Dopo la cullò, come il vento una fogliolina.

IL SIGNORE DELLA RETICELLA

Ai signori che tornano dai viaggi si fanno tante feste invece a
quel signore non si potevano fare.
Perché?
Era vietato, bisognava fare finta che il viaggio non ci fosse stato.
Che non ci fosse stata nemmeno la valigia?
Sì, invece nello scompartimento, su di una reticella, la valigia
c'era stata.

IL SIGNORE NEVE

Faceva su di lei una bella neve che si posava lieve.
C'era sopra loro due il cielo?
Sì, c'era tutto il cielo con il calendario dei secoli dei secoli.
La neve si posava bene?
Sì, si posava bene e poi faceva dormire come niente, faceva en-
trare i sogni nella mente.

IL SIGNORE RAPITO

Dentro la nuova tiepida aria lo rapì lontano lontano lontano
fin dall'altra fin dall'altra fin dall'altra parte della strada.
Dove c'erano gli alberi le fontane le lucertole gentili?
Sì, lì.
E il signore rapito cosa disse?
Disse cose sottovoce, le lucertole non si spaventarono e rima-
sero al sole ferme beate così.

IL SIGNORE DELLA STUFETTA

Abitava in una stanza un po' sotto il livello stradale.
Le signore che venivano in visita si sedevano, si guardavano
intorno, nel centro della stanza c'era una stufetta.
La stufetta era color grigio chiaro, sopra c'era un pentolino minuscolo, pieno d'acqua (forse per il tè).
In alto, un po' a destra, c'era una finestrina dai vetri colorati
(come quelli delle chiese). La notte di Natale, a mezzanotte in
punto, il signore la spalancava, entravano i rintocchi delle
campane.

IL SIGNORE DEL SONNO

A ogni inizio di notte gli inviava pensieri, adeguati all'ora del
silenzio e dei baci.
E gli adeguati pensieri, di tetto in tetto scivolando, a lui quasi
preso dal sonno giungevano, appena appena in tempo, quasi in
ritardo.

IL SIGNORE DEL RUSCELLO

Nel mezzo dello studio di quel signore c'era un piccolo verde prato, attraversato da un fresco ruscello.
A destra del ruscello c'era un tavolino color mogano basso basso con portacenere e a sinistra uno scrittoio con portapenne.
Nel ruscello si rispecchiava il bianco soffitto essendo il cielo fuori dalla, nella bella stagione, spalancata finestra.

IL SIGNORE DELLA PASQUA

Buonapasqua buonapasqua disse la signora di lui innamorata, anche a lei, lui rispose chiudendo la chiusissima porta.
Nella strada la signora assunse una dolorosa forma non risorta, inanimata.

IL SIGNORE DELL'ATTESA

Cosa c'era cosa c'era sulla neve della stradina?
C'era l'ombra della luna.
Cosa faceva lì?
Lì aspettava.
Chi aspettava?
Aspettava l'attesa di un signore.
Aspettava l'attesa?
Sì, prima devono compiersi le attese dei signori, in seguito sulle stradine arriveranno i signori in persona.

IL SIGNORE DEL CINEMA

Essendo estate era andato in un cinemino all'aperto, sotto il cielo, a vedersi un film.

Era stato un bel film, con un bravo attore che si chiamava Charles, sopra il film quella sera il cielo aveva esposto in ordine sparso tutte le sue stelle.

Il signore le aveva di quando in quando guardate, aveva detto alla signora accanto a lui seduta guarda quante, il film era finito bene.

Non ci fu niente niente che andò storto quella sera?

No, niente. Fu una perfetta, finita, serata.

IL SIGNORE DELLE BARCHETTE

A suo tempo aveva avuto le sue barchette. Aveva galleggiato sulle acque.

Circondato dall'acqua stava molto bene in salute e in umore.

Gli occhi scuri che aveva gli diventavano di un bel colorino marronblù.

Anche i capelli?

Sì, anche i capelli.

I pesci di passaggio lo guardavano meravigliati, giravano intorno alle sue barchette tenendosi a prudente, rispettosa distanza.

IL SIGNORE DEL TRONO

Era una signora felice strafelice.

Perché nella sua mente non c'era Nessuno, c'era Qualcuno.

Qualcuno lì nella sua mente ben stabilmente seduto, come su di un trono un Re.

La signora lo guardava fisso e gli faceva dei piccoli inchini di pensiero sulle scale d'oro del trono.

Quando scendeva la sera il signore si addormentava nella mente della signora, la signora allora si muoveva abbastanza piano nelle stanze per non svegliarlo.

IL SIGNORE E IL TEMPO

Il tempo passava tantissimo. Non si faceva quasi in tempo a stare con quel signore vicino al finestrino.
Il tempo passava come un treno rapido, le stazioncine nemmeno le guardava.
Quando il tempo era passato tutto, era arrivato?
Sì.
E bisognava per forza scendere?
Sì, e lasciare il bel signore e il finestrino e il bel panorama oh tutta tutta la bellissima terra.

IL SIGNORE D'ORO

Era un signore d'oro. Un signore d'oro fino, zecchino.
Per il suo carattere duttile e malleabile, per il suo caldo dorato colore, per il luccichio dei suoi occhi, era un signore molto ricercato.
I corsi dei fiumi venivano deviati, i fondali scandagliati e setacciati, ma i signori che affioravano brillavano poco, erano signori pallidi, opachi, non erano d'oro vero, erano signori falsi.
Non avevano aurifere vene?
No, le loro lente vene scorrevano quasi del tutto essiccate in direzione dei loro minuscoli cuori, a fatica.
E dov'era il signore d'oro vero?
Lontano, in una casa assolata, pigro e paziente, aspettando di essere trovato, in un angolino, il signore d'oro luccicava.

IL SIGNORE ULTIMO

Non non primo, quel signore era l'ultimo, suo amore.
Quindi si ricordava benissimo dove l'aveva conosciuto e quali erano state le sue prime e seconde parole e che tempo faceva quel giorno, nevicava, e che anno era, era l'Anno di Mercurio.

IL SIGNORE NOTTURNO

Lui era notturno e lei era solare da guardare.
Uniti producevano una luce esatta e una fresca ombra.
Erano un signore e una signora proprio adatti.
Anche di notte?
Sì, di notte l'oscurità li avvolgeva e li univa, come emisferi.

IL SIGNORE NELL'ARIA

Alle ore venti ognuno tornava alla sua casa.
Non avevano una stessa casa?
No, ma nell'aria sì.
Nell'aria?
Sì, a destra e a sinistra nel mezzo dell'aria avevano una stessa
casa. Con le porte le finestre gli uccelli le cene le voci e il riposo.
Non i colori?
Sì, colori splendenti erano appesi nei quadri nell'aria della casa.

LA SIGNORA DELLA NEVE

Nevicava tanto, una signora voleva tanto bene a un signore.
La neve si posava sulla città, il bene della signora si posava sul
signore.
Nevicava di giorno e di notte, di giorno e di notte la signora voleva bene al signore.
La città e il signore, semisommersi, subivano la neve e il bene
immobili, aspettavano la primavera.

LA SIGNORA DEI BACI

Una signora voleva tanto dargli dei baci, non dico troppi, anche solo 7-8 (mila).
Invece era proibito perciò non glieli dava. Se però non fosse
stato proibito glieli avrebbe dati tutti, dal primo all'ultimo.
A cosa servono i baci se non si danno?

LA SIGNORA NON GELOSA

Una signora che stava diventando gelosa non lo diventò.
Nemmeno un po'?
Sì, un po' sì ma pochissimo, come un solletico al contrario che invece di far ridere manca poco a piangere.

LA SIGNORA DELLA VALIGETTA

Nascosta in una valigetta, partì con lui, per le sue vacanze.
Il signore guidava tranquillo, non sapeva cosa la valigetta furbescamente contenesse in più, oltre alle solite cose che le valigette generalmente contengono.
Se l'avesse saputo come si sarebbe indispettito, ma per fortuna lo ignorava, guidava tranquillo senza lontanamente immaginare quello che l'aspettava all'arrivo, all'atto dell'apertura dei bagagli.

LA SIGNORA FIEVOLISSIMA

Improvvisamente colpita da acutissimo grave attacco di volereaffetto, a fievolissima voce gridava vieni vieni.
Nessuno potendo sentirla nessuno poteva, non venendo, a morte disubbidirla.

LA SIGNORA DEL COMPLEANNO

Vicino lontano da lui compiva il compleanno.
Non ci furono torte?
Sì, torte squisite, solitarie.
E il signore ne mangiò?
No, il signore era a un altro tavolo per sempre seduto, accomodato.

LA SIGNORA BEATA

Oh beata quella signora che la notte di Natale stava sempre sempre con quel signore.
Lei sì e le altre signore no?
Proprio così.
Tutte tutte erano chiuse a chiave fuori dalle porte e dalle finestre della loro personale notte di Natale.

LA SIGNORA MEZZASERA

Forse qualche volta era una signora triste?
Sì, triste era a mezzasera, quando all'uscio della mente si avvicinavano gli assenti passi di quel signore che non c'era.

LA SIGNORA BACIATRICE

Era la sua baciatrice preferita.
Con lei si appartava un momento dal mondo, poi vi ritornava.
Era felice la baciatrice?
Oh sì, e anche il signore baciato lo era, e anche i baci di essere dati, tutti i conti erano tornati.

LA SIGNORA DEI FOGLIETTI

Gli scriveva lunghi foglietti che il signore leggeva meticolosamente, prima di accantonare.
I foglietti in silenzio accantonati, alti dei metri, pesavano come una montagna sul cuore di chi li aveva scritti per, senza riuscirci, liberarsene.
La montagna dei foglietti accantonati cresceva cresceva, schiacciava il cuore della signora scrittrice come un pesantissimo schiacciasassi.

LA SIGNORA DEL CASTELLO

Dentro dentro nel centro della testa aveva un castello in aria.
Il castello in aria aveva fondamenta?
Sì, di cemento armato. Le fondamenta del castello erano il cervello della signora.
La signora e il castello in aria erano dunque una cosa sola?
Sì, la signora e il castello in aria erano dunque una cosa sola.

LA SIGNORA DI QUARANT'ANNI

Era una signora che aveva quarant'anni, come mai?
Va bene era nata quarant'anni fa. Però gli anni non erano durati veramente un anno e i mesi non erano durati veramente un mese.
Così i quarant'anni erano arrivati in due tre minuti, non era giusto, protestò la signora.

LA SIGNORA MULINELLO

Si alzò un vento fortissimo che la portò con sé via.
Non capendo più bene i luoghi e le cose, turbinò la signora mulinello intorno alla di lui proibita casa.
Lui aprendo la finestra da lontano la vide, la chiamò.
Ma il vento sempre più ladro la rubava, sempre più lontano la portava.

LA SIGNORA PASSEROTTO

Era un signore la cui mamma era un passerotto.
Passerotto con le ali e con le piume?
No, passerotto nel senso di mamma resa piccola e leggera dai 90 anni in poi.
Allora non volava quella mamma sugli alberi?
No, quella mamma camminava sulle strade piano, come un passerotto che ancora di volare non si fidi.

LA SIGNORA GIOVANE E VECCHINA

Era una signora giovane e vecchina.
Dalla sua vecchierellità guardava – i lontani desideri inavverati
– i bambinisogni quasi tutti azzerati.

LA SIGNORA DEI FIORI

Sulle mani un po' presto aveva i fiori della morte.
Come i fiori della morte?
Quei puntini che più si è vecchi più ce n'è.
Ne aveva tanti?
Ne aveva sette come i sette nani, sulle strade del bosco delle
mani.

LA SIGNORA IN FRETTA

Il persempre era ormai cortissimo diventato.
Quanti Natali erano rimasti?
Una manciata.
Allora bisognava non sprecare nemmeno un minuto?
Sì, bisognava spicciarsi, per questo lei, in fretta, lo adorava.

LA SIGNORA DELL'ULTIMA VOLTA

L'ultima volta che la vide non sapeva che era l'ultima volta che
la vedeva.
Perché?
Perché queste cose non si sanno mai.
Allora non fu gentile quell'ultima volta?
Sì, ma non a sufficienza per l'eternità.

LA SIGNORA DELLA MANO

Dai giorni della vita l'invecchiata mano magra chiamava la
giovinezza oh l'infanziamanina come sventolava, nemmeno
dai finestrini nemmeno in punta di dita ritornava.
Non c'erano più le unghie? le linee della vita?
Le unghie c'erano poco, per poco ancora c'erano le linee della
vita.
Finisce così male?
Oh no, del tutto sconosciutissimo sarà il finale.

IL SIGNORE E LA SIGNORA

Erano un signore e una signora che si erano conosciuti lo stes-
so giorno.
Che ore erano?
Le dieci e trenta.
E dove erano?
Erano sotto il livello stradale di 4 o 5 gradini.
E come avvenne?
La signora suonò alla porta e il signore aprì.
E dopo?

Post Scriptum

IL BAMBINO DELLE CANTINE

Avendo bevuto tanto vino, era un bambino ubriachino.
Allora barcollava?
No, ma dava baci a tutte le bambine, dietro i barili, nelle cantine.

96

Il signore degli spaventati

al Dott. B.M.
(ancora)

I BAMBINI PERSI

Nelle notti nei boschi
i bambini persi chiamavano
per essere trovati.
Non c'erano le stelle?
Le stelle erano gli occhi dei lupi.
Non c'era la luna?
La luna era le fauci dei lupi.
I bambini persi erano spaventati?
Sì, chiamavano tanto.
Svegliavano gli animali addormentati.

IL SIGNORE DI FRONTE

Era un signore seduto di fronte a una signora seduta di fronte a lui.
Alla loro destra/sinistra c'era una finestra, alla loro sinistra/destra c'era una porta.
Non c'erano specchi, eppure in quella stanza, profondamente, ci si specchiava.

IL SIGNORE DEGLI SPAVENTATI

Aveva una stanza grande e una stanza piccola.
Nella stanza piccola c'era un tavolino grande e nella stanza grande c'era un tavolino piccolo e c'erano due poltrone.
In una sedeva lui, nell'altra sedevano gli spaventati che lui, con sapienza, rassicurava.

IL SIGNORE DEGLI DEI

Nella stanza piccola aveva libri paurosi con antichi animali e mostri.
Coloro che li sfogliavano si spaventavano, fuggivano nella stanza grande dove aveva libri rasserenanti con figure chiare chiare di nuvole e dei.

IL SIGNORE NEL CUORE

Le era entrato nel cuore.
Passando dalla strada degli occhi e delle orecchie le era entrato nel cuore.
E lì cosa faceva?
Stava.
Abitava il suo cuore come una casa.

IL SIGNORE COMPOSTO

Mentre composto le parlava, la luce lo inquadrò come grande quadro.
Aveva un golf d'argento e una pipa d'oro.
«Guardi» disse, a lei che lo guardava.

IL SIGNORE DELLA CARAVOCE

Teneva la caravoce del signore nella profonda grotta delle orecchie, al riparo.
Al riparo da cosa?
Dal vento del tempo, del tempo che consuma.
Le orecchie custodivano la caravoce come vestali.

IL SIGNORE DELLE AQUILE

Spaventosissimi tuoni, ma sotto quel signore si stava quieti, bene, non c'erano paure.
Nessuna nessuna?
Nessuna. Come sotto le grandi ali delle aquile, gli aquilotti.

IL SIGNORE PUNTINO

Non potendolo vedere sempre, quando infine poteva vederlo lo guardava moltissimo, fino all'ultimo minuto, fino all'ultimo secondo, e anche dopo si voltava indietro, si voltava indietro.
Il signore diventava sempre più piccolo, ormai era quasi del tutto irriconoscibile, eppure lei lo riconosceva benissimo, anche sottoforma di minuscolo puntino laggiù.

IL SIGNORE DEL BASTIMENTO

Abitava su un bastimento fermo in mezzo al mare.
Gli dicevano sempre torna a casa ma lui non ci pensava affatto.
Si spostava con calma da poppa a prua, guardava le onde, le stelle quando c'erano, l'altezza del sole.
I pesci ormai lo conoscevano.
Un ippocampo tutte le notti, verso mezzanotte, mezzanotte e un quarto, usciva dal mare, lo guardava fisso come per chiedergli chi sei?

IL SIGNORE DELLA LAVANDA

Un signore aveva due figlie di nome Chiara.
Sarebbe proibito dare nomi uguali, comunque quel signore le aveva chiamate così.
Quando le chiamava tutte e due alzavano gli occhi, ma lui ne guardava solo una (alla volta).
La loro casa dava su un campo quadrato di lavanda. Le diagonali del quadrato erano due sentieri bianchi, nel centro c'era una fontana.
Chiara e Chiara arrivavano dai due sentieri, si sedevano sull'orlo della fontana, facevano piccoli mazzolini di lavanda.

IL SIGNORE NON PARENTE

Come avrebbe voluto essere nipote cugina sorella figlia di quel signore, invece non era per niente sua parente.
Non avevano sangue della stessa boccetta, bensì di boccette diverse.
Meglio. Così avrebbero non si sa mai potuto un giorno conoscersi bene bene, amalgamarsi tanto.

IL SIGNORE DEL LUOGO LONTANO

Un suo luogo lontano lontano che una volta si partiva al mattino e si arrivava alla sera era diventato un luogo vicino.
Come mai?
Non si sa, le case e i pergolati si erano ravvicinati. Si partiva e in un minuto si era arrivati.
Strada facendo però un poco ai finestrini la mancanza del viaggio si affacciava.

IL SIGNORE DEL FIUME PO

Un signore andava lungo il fiume Po.
Il fiume scorreva, il signore andava, una signora guardava tutto questo.
Di che colore era il cielo?
Era del colore del fiume.
E il signore?
Il signore era del colore della signora.
Uguale uguale?
No, un po' era uguale e un po' diverso.

IL SIGNORE SULLE DIFENSIVE

Si era chiuso in una fortificata casa, era un signore sulle difensive.
Lei bussava molto alle sue porte e alle sue finestre, diceva apra subito, voglio entrare.
Ma lui non apriva.
La salutava da dietro i vetri come da un treno, come da un treno che tra poco parte.

IL SIGNORE DEL FAUNETTO

Vicino al suo letto c'era un tavolino, sul tavolino c'era un faunetto.
La sera, appena il signore chiudeva gli occhi, il faunetto li apriva.
In punta di piedi di capra faceva tre giri intorno alla stanza, poi si sedeva sul cuscino del signore e gli guardava gli occhi.
Il signore avrebbe voluto sognare quello che voleva lui, invece doveva sognare erbette, caprette, i sogni del faunetto.

IL SIGNORE IN PARTENZA

Non ancora partito, stava partendo.
Di tutti i lunghissimi treni gli sportelli spalancati chiamavano.
Perché, mai, i capostazione fischiano l'ALT?
Perché sempre solo le partenze?

IL SIGNORE DELLA FOTOGRAFIA

Un signore morto entrò in una fotografia.
Come mai?
Per essere visto da una signora che non l'aveva mai visto.
Vi entrò con il cappello?
No, per fare la fotografia se lo tolse, ma poi se lo rimise.
Sorrideva?
Nella fotografia no, ma nella vita sì.
Era una fotografia a colori?
No, era in bianco e nero, però con il sole d'oro e con l'azzurra
luna.

IL SIGNORE DELLE TRAPPOLE

In una oscura stanza, preparava le sue trappole.
Quando le trappole scattavano, le persone intrappolate senti-
vano un dolore lancinante, urlavano spaventate.
Per il signore strategico l'urlo costituiva la prova del funziona-
mento delle trappole.
Erano trappole mortali?
No, erano trappole speciali, a fin di bene.

IL SIGNORE CHE FACEVA MALE

Tantissimo male faceva quel male.
Tanto come mille muri contro una sola fronte, come mille spi-
ne in piccolissime dita, come mille denti di mille pescecani.
Così tanto?
Sì. Anzi forse un poco meno.

IL SIGNORE DELLA CALLIGRAFIA

Con la sua gotica calligrafia improvvisamente le scrisse parole
che mai le disse.
Nella inaspettata lettera, ombrosa come una chiesa ombrosa,
la signora beatamente si raccolse, si addormentò.

IL SIGNORE DELLA FEBBRE

Quando si ammalava, lo curava una vecchina che aveva cento
anni ma non li dimostrava.
Tre volte al giorno la vecchina gli posava le labbra sulla fronte,
per misurargli la febbre e portargliela via.
La vecchina voleva segretamente bene al signore della febbre
ma, poiché aveva cento anni, pudicamente non lo rivelava.

IL SIGNORE E LA SIGNORA

Sembravano due ma erano una cosa sola. Anzi sembravano
una cosa sola ma erano due. Anzi erano due e una cosa sola.
Allora quante poltrone ci volevano?
Due.
Quante seggiole?
Due.
Quanti tavoli?
Uno.
Quanti letti?
Uno.
Quanti soli?
Un sole e una luna.
Quante stelle?
Tutte tutte del firmamento le stelle disponibili (tranne quelle
cadenti).

LA SIGNORA NEL BOSCO

Sembrava un bosco facile, con a destra e sinistra gli alberi, e in mezzo un bel sentiero al sole e all'ombra.
Sembrava un bosco da attraversare lievemente, guardando in alto i grandi rami che si dividevano in rami medi che si dividevano in rami piccoli e piccolissimi.
Sembrava un bosco facile, ma quella signora non riusciva a uscirne più.
Il cuore le batteva a mille a mille, il sentiero era finito su se stesso, la notte stava per calarle addosso come una montagna.

LA SIGNORA DELLA PAURA

La paura era così grande, che la voce non le usciva più.
Come negli spaventati sogni della notte, come inseguita da adirati Dei dentro adirate fiere, fuggiva e fuggiva, dalle ombre.
Ma nel fuggire e fuggire, infine si arrestò. La paura era diventata così grande che bisognava ormai risponderle, esserci, prepararsi fermamente al disperato raduno delle forze.

LA SIGNORA DEL PARASOLE

Come nel famoso quadro, ma non lui a lei, lei a lui teneva il verde parasole.
Era un parasole speciale.
Chi stava lì sotto era protetto da tutti i mali del mondo.
La signora stava ben attenta a coprire perfettamente tutto il signore, a non lasciarne fuori, in pericolo, nemmeno un pezzetto.

LA SIGNORA FELICE

Poiché gli voleva tanto bene, quando lo vedeva era felice.
E quando non lo vedeva?
Quando non lo vedeva pensava a quando l'aveva o l'avrebbe visto, quindi era felice.
E la notte?
La notte lo sognava tale e quale, come fosse giorno, quindi era felice.

LA SIGNORA COME

Gli voleva bene senza speranza.
Senza speranza come?
Come un affezionato moscerino al cielo, come un pesciolino a una bianca nave.
Altri esempi.
Come una foglia a un signore lì passante, come un sassolino a una montagna.
Ancora.
Come un filo d'erba a un grande prato, come un bambino a una non sua mamma.

LA SIGNORA SPOSTATRICE DI MONTAGNE

Era una signora spostatrice di montagne.
Un signore le diceva dove metterle e lei le metteva.
Quando proprio non riusciva si sedeva, aspettava paziente il ritorno delle forze.

LA SIGNORA DEI BRUTTI SOGNI

Quando nel cuore della notte lei faceva medi o brutti sogni lui le diceva su dormi adesso è passato.

Ma quando nel cuore della notte lei faceva bruttissimi orribili sogni lui le diceva vieni e l'accoglieva tra le sue concave braccia per cinque sei contenti minuti.

Se invece i brutti sogni li faceva il signore lei gli accarezzava piano la fronte, finché da corrugata e ombrosa si faceva distesa, come un bel lago quando non c'è vento.

LA SIGNORA DELLE MEDICINE

Aveva una malattia ma leggera leggera.

Una signora gli comprava delle scatoline di medicine (di un bel color rosa).

Le incartava con cura, le appoggiava sul davanzale della sua finestra (quando pioveva le avvolgeva in una carta impermeabile).

Il signore si affacciava, ritirava il pacchetto, guardava a destra e sinistra, ma la signora era sparita.

Guarì prestissimo e perfettamente.

LA SIGNORA DELLA PRIMAVERA

Nel buio cavernoso inverno, volentieri quella signora si raggomitolava.

Ma quando scoccava la primavera, dal gomitolo invernale di colpo si srotolava, usciva al cielo e all'aria, insieme alle lenzuola allegra si stendeva.

LA SIGNORA D'ACCIAIO

Era come un roseo fiorellino, ma d'acciaio.
Come d'acciaio?
D'acciaio temperato. Quello che, ardente, viene gettato nell'acqua perché acquisti durezza.
Aveva davvero acquistato durezza quel fiorellino quando l'avevano gettato?
Sì.

LA SIGNORA STATUA

Aspettava che uscisse, da una foglia di ramo nascosta lo guardava.
Erano sempre tarde ore serali, era l'amato viso un po' dalla stanchezza dell'ora modificato.
Quando dietro l'angolo lui spariva, benché statua una lacrima sulla sua guancia di marmo si muoveva.

LA SIGNORA E L'INVERNO

L'inverno ai vecchini era nemico. Invece di quella vecchina era amico.
Le bussava ai vetri, le faceva inchini di neve, le offriva ghiaccioli di zucchero, le suggeriva nelle orecchie i nomi che la vecchina dimenticava, le usava attenzioni di ogni genere.
La vecchina, una sveglia vecchina, era lusingata da queste attenzioni invernali.
Comunque, non vedeva l'ora che arrivasse la primavera.

LA SIGNORA NELLA TERRA

Davanti alla sua casa avevano scavato un buco, ci cascò.
Oscura terra, pallide larve la circondarono prima del tempo.
Con anticipo vide il buio di laggiù, sentì l'umido odore della terra, il silenzioso rumore degli insetti.
Spaventata, precipitosamente si rialzò.
Con un balzo, quella volta, poté uscirne.

LA SIGNORA DELL'ACQUA

L'acqua che saliva saliva voleva portarla là dove si annega.
Lei non voleva ma l'acqua imperiosamente la chiamava.
Mulinelli a mille a mille le dicevano vieni vieni scendi nel gorgo con noi, vedrai quaggiù che nuovi liquidi mondi.

LA SIGNORA DEL PROGETTO

Quando il suo magro fiume divenne un fiume in piena, tutte tutte le cose vennero travolte e trascinate via, anche i nuovi semi, anche le vecchie radici, anche quella casa in già avanzata costruzione.
Ne rimase però il nitido progetto sulla carta.

LA SIGNORA LIBERA

Poteva pensarlo sempre, aveva tanto tempo libero, era una signora morta.
Nella profonda concentrazione della terra si sentivano solo gli attutiti rintocchi delle terrestri campane, c'era silenzioso tempo per tutto, nessuno interferiva, nessuno mentre lo pensava, disturbava.

LA SIGNORA VOLATA

Volata in cielo, ombrosamente nei giorni di arsura, con tepore nei giorni di gelo, lo vegliava.
Lui non lo sapeva, ma qualche volta sentiva nell'aria intorno a sé qualcosa, come il volare di una specie leggera di moschina.

IL SIGNORE E LA SIGNORA STELLE

Vivevano fra loro lontani come stelle lontane fra loro.
Per tutta la lunga eternità divisi come stelle divise, solitariamente nei loro singoli cieli, divisi, luccicavano.

Poesie dando del Lei

al Dottor B.M.,
a mia Madre

Margherita ... Dov'è? L'ho udito chiamare!
GOETHE, *Faust,* Parte prima (Carcere)

I

Il mio Dottore è sparito
tra Ponente e Levante
io mi affaccio e lo cerco e lo chiamo
come un amante.

*

Quando spuntano
i Suoi sorrisi
diventano felici
le mie radici.

*

Mi sono innamorata di una A
e di una B
le accarezzo sulla carta,
oh esca da lì!

*

Per essere felice
senza disturbare
al Suo numero leggermente sbagliato
devo telefonare.

*

Quando qualcuno che non è Lei
mi vuole baciare
io chiudo la bocca strettissima
Le pare?

*

Con Lei camminerei
tra l'erica del mio vaso
millimetri e millimetri di cammino
microscopico bosco
io a Lei vicino.

*

Millissimi uccellini
io Le mando!
Ma Lei apra in tempo la finestra
mi raccomando.

*

Siamo arrabbiati?
abbiamo litigato?
no, siamo allietati
abbiamo fatto pace
un solido trattato.

*

Guardi, guardate:
le lumachine del mio giardino
oggi si sono sposate!

*

Caro Dottore
dentro il Suo cuore
c'è una barchetta
mi porti lontano
La prego Dottore
anche solo un'oretta
poi ritorniamo.

*

La mia superficie è felice,
ma venga venga a vedere
sotto la vernice.

*

Oggi ho inventato
che Lei era seduto con me in giardino
leggevamo il mio libro
completamente vicino.

*

Dice che l'uomo ha lunga vita
me lo dimostri allora
mi dimostri che la mia vita
non è quasi già finita.

*

Mi sono innamorata tanto?
Oh sì!
La prego faccia altrettanto!

*

Amante neonata
succhia l'uomomamma perdutamente
ecco il latte buono viene – guardi –
scorre come dalla montagna il fiume
naturalmente.

*

Assente il ragno dalla nostra tela
intatti restiamo nessuno ci divora
sospesi a un filo ci guardiamo attorno
moschina che sorride
io La guardo tanto.

*

Conoscessi il punto esatto
dove comincia il cielo
immediatamente mi ci recherei

a prenderne un pezzetto da recapitarLe
– con fiocco –
il giorno esatto del Suo benvenutissimo
terrestre compleanno.

*

Lontanissime vacanze
erano incominciate.
In opposti luoghi ubicati
guardavano i bellissimi mari
e le alte montagne
separati.

*

Basta villeggiatura UBBIDISCA! RITORNI!
le vele riempiono i mari
tira buon vento
forse è propizio
anche il firmamento.

*

Il mio Dottore è ritornato
il mondo assopito
si è risvegliato.

*

Le voglio troppo bene? così non va?
semplice: toglierò subito il troppo
resterà solo il bene
quando avrò raggiunto la giusta quantità
festeggeremo insieme
o soli la mia maturità?

*

– Oggi è la volta
  che Le voglio bene più di tutte.
– Altre volte me l'ha detto.

120

– Sì ma è questa la vera volta
il vero oro dell'affetto.

*

Le vorrò bene per sempre
o solo per un po'?
l'ho chiesto direttamente al cielo
ha risposto non lo so.

*

La mia Gaiezza
da che l'ha nominata
adesso esiste ancora di più
ride nell'orto di questo settembre
come i chicchi dell'uva quasi blu.

*

Oggi ho inventato
che Lei era con me al mercato
c'erano tanti fiori
avevamo gli occhi di tutti i colori.

*

Essere vorrei
una Sua Amantina
discreta dispettosa buffa e positiva
saggia e infantile, VIVA!

*

Per il Suo compleanno
Le regalo in pacchetto
un mio guarito difetto
da buttare
in fondo al mare
Lei con sapienza mi ha curata
sono la Sua Vivian
quasi risanata.

*

– Faccia un miracolo venga
  L'aspetto sull'amaca sulla bicicletta
  partiamo?
– E le valigie?
– Le valigie non servono
  non andiamo lontano
  ci trasferiamo solo
  su di un altro piano.

*

Sorpresa!
Attraverso il Suo finestrino abbassato
un furtivo sacchetto di pane fresco fresco
ho infilato...
La prego diventi innamorato!

*

Sono le sei la città dorme
e Lei?
sogna? oh qualcuno sogni un sogno che mi comprenda
non mi escluda.
Sono le sei la città dorme
e Lei con lei.

*

Presto corra presto
venga a guardare
una foglia, viva,
che cade.

*

La mia settimana è un settenario
con gli accenti su martedì e venerdì
al sabato il tono cala
risale il lunedì.

*

La prego mi sorprenda
venga
L'aspetto per sempre
mi prenda!

*

Quando Lei è nervoso e fa così
con le mascelle
e vibra e si controlla
ma mi vorrebbe molto sgridare
ecco, proprio quando Lei fa così
io La vorrei baciare.

*

La notte di Natale
La verrò a trovare
stia tranquillo per finta naturalmente
visita della mente
e del cuore
al mio Dottore.

*

Sempre così sempre così tutta la vita?
Oh no La prego!
Spostiamo almeno un petalo
della margherita.

*

Nella Sua bella pace
mi lasci un poco riposare
da sereni così
insieme, gli altri del mondo
contemplare.

*

Caro Dottore
senza il Suo amore

sto come nell'acqua di un ditale
un pesciolino di mare.

*

Desiderio improvviso
di vedere il Suo viso
e poi di fuggire adagino
con negli occhi felici il bottino.

*

Con tutte le ali della mia vita
da Lei volerei se si potesse
invece a fatica resto
da uccello terrestre mi travesto.

*

Io con Lei
di dividere mi accontenterei
solo le quattro stagioni
possiamo?
solo la pioggia la nebbia la neve
il sole le nuvole il vento
mi accontento...

*

Con un filo d'oro
La vorrei a me legare
poi, come prova d'amore,
La vorrei per sempre liberare.

*

Caro Dottore
basta distanza
varchiamo La prego
il confine della stanza.

*

– Non si spaventi immediatamente
  se ora Le dico
  Vivian La desidera fisicamente
– Fisicamente?
– Sì, il sangue mi è entrato nella mente.

*

Dalle nostre finestre
vediamo una magnolia vero?
Che sia per entrambi la stessa, fingo
e di guardarne, con Lei accanto, i rami
i nidi il lucido colore
e una mattina di annunciarLe
il primo fiore.

*

Credevo non mi amasse
perché è vietato
forse invece non mi ama
perché non è innamorato.

*

Oh ci sia un posto anche per me
nella Sua vita
lo difenderei (da me s'intende)
come una vietnamita.

*

Basta senza di Lei restare!
non dico sempre
ma almeno qualchelungavolta
mi tenga accanto a sé
MI TENGA ACCANTO A SÉ HO DETTO!
ubbidisca! Le pare?

*

– Con impaziente pazienza
  io La amo.
– E quando sarà finita?
– Oh entri un secondo prima, La prego,
  nella mia vita.

*

E sia mi faccia pure così male
tanto lo so che forse è a fin di bene
se questa natalimpida giornata
la Sua bacchetta in buia ha trasformata.

*

Questa convivenza
con la Sua assenza
sta diventando una prova troppo dura
la natura va contro la natura.

*

Pazienza l'ami pure
ma pochino, mi raccomando,
baci rari rarissimi
invece a me millissimi.

*

Caro Dottore
che mostri e draghi
Le hanno affaticato gli occhi
si riposi un po' con Vivian
nel mondo dei balocchi.

*

La Sua porta sprangata
era spalancata,
il sole entrato
si guardava attorno:
piantine una

(l'altra trasferita)
finestre tre
(su una una formica)
coccodrilli e draghi
(forse riprodotti)
simboli alchemici, Jung
forme di vita
il sole entrato
si guardava attorno:
piccoli dei, Mozart
mobili di navi
onde dolori amori
quasi la vita.

*

In dote Le porto
foglioline di salvia
e di rosmarino
più mille poesie circa
più quello stralunato ritrattino
tutto qui?
no anche un fiore con dentro
un'ape in velo da sposa
più una goccia di miele
più una spina di rosa
tutto qui?
no anche il resto del mondo
più un cielo gentile
più i colori che vuole
più il doppio della metà
di tutto il mio cuore.

*

Conterò fino a mille
poi non L'aspetto più
Le lascio le voci
delle margherite
e i dolci nomi sera
luna matite
Le lascio la biancacarta

e nuove innamorate
i rossi della sera
e la pioggia gentile
Le lascio i lunghi sogni
e nella neve voci
voci di margherite
Le lascio tutto il cielo
e tutto il cuore mio
ma dopo mille, non L'aspetto più.

II

Il mio Dottore è gentile,
ma io vorrei morire.

*

Sa,
il mio cane è diventato vecchino
finisce a fatica
il giro del giardino.

*

Oggi nel Suo studio ho trovato
una lucertolina le ho parlato
mi ha detto una cosa poi è sparita
in una fessurina segreta, della vita.

*

Se anche Lei mi lascia andrò lontano
(da me)
lontano lontano
(da me)
sembrerò qui nella casa
sembrerò qui docile e vicina
anche questa volta ce l'ha fatta
crederete.

*

Non mi sorrida pure
tanto c'è tempo vero?
in vece Sua
tra cento o uno anni
forse una gentile nuvola
forse alla mia infantile polvere
forse sorriderà.

*

Adesso io dico
il male che io sento
quando io a Lei lontano penso
io dentro la testa e il cuore sento
come un disperato firmamento.

*

Appena appena cominciata
si è già disperata
la mia giornata.

*

Questa follia così leggera
pesa come una montagna
verso sera.

*

La notte scende
siamo lontani di cuscini
ma di anime
siamo vicini.

*

Mi arrendo mi addormento
senza di Lei accanto
se non in sogno
nei sogni è Lei che si arrende
che tra le Sue oscure braccia mi prende.

*

130

Formichine felici hanno mangiato
le briciole che Le ho lasciato
loro – lì – festeggiano in allegria
io – qui – muoio di nostalgia.

*

Guardi:
mi sfiorisce il corpo
mi fiorisce la mente
il Giardino dei Morti è d'accordo
attende paziente.

*

Alberi divisi lontani
in segno di saluto svettiamo
ai confini del prato
ci riconosciamo.

*

Nell'orto sui rami
i merli si lanciano richiami
La prego anche Lei tra le foglie
sottovoce un po' mi chiami.

*

Sulla carta[1]
tracce di piccole ali
millimetri di cortei
minuscoli funerali.

*

[1] moschicida, e dei libri.

131

Tracce d'inchiostro sulle sue dita
morte e anche
un azzurro alone sulle guance
forse le guance appoggiò alle dita
pensando l'ultimo pensiero
della vita.

*

La prima estate
che non potrò partire
vada Lei lontano
guardi Lei le belle cose create
per le mie palpebre addormentate.

*

Libereranno i cassetti
dalle mie ingombranti parole
ma resteranno le Sue più discrete più lievi
mai scritte mai dette
per le orecchiette del mio cuore
le predilette.

*

Le Sue carezze

Se il tempo terrestre
me le negherà
chiederò il favore alle mani
dell'Eternità.

Una quieta polvere

a Paolo, il mio cognome è suo
a Miryam e Giorgio

Madri padri figli

E udendo colpi d'accetta credevano che il babbo fosse vicino. Ma non era l'accetta, era un ramo, che egli aveva legato a un albero secco e che il vento sbatteva di qua e di là.

GRIMM, *Hänsel e Gretel*

ERA LA CASA

Era la casa più bella era la casa più orrenda.
Di quel mondo valdese di perseguitati era la casa più bella era la
casa più orrenda.
Ti accarezzava ti strangolava, ti accarezzavano gli archi le volte le lunghe finestre dell'architetto Decker con dentro i monti il
giardino l'albero delle noci, ti strangolava la cucina avariata
avvelenata ti strangolavano gli argenti i trucidi testamenti un
dio che rinnegava escludeva sacrificava, era la casa più orrenda con piattini avariati per bambini abbandonati e la più gentile con pratoline nuvole fuoco di camino.
Il gatto rimase con la madre morta per terra tre o due notti co-
nosceva la lingua dei morti le ha parlato, tre o due giorni entrambi per terra con intorno gli occhi della più lunga nottata.

SOGNO D'ORO (I)

Era una neonata
un padre era contento che era nata
una madre era contenta che era nata
la tenevano come niente fosse con loro
incredibile proprio con loro
che bel sogno d'oro.

ABBANDONO

Mangiavo dormivo
facevo la brava-bambina
per conquistarti «mammina».
Corteggiamento vano
a nove mesi mi hai presa per mano
mi hai lasciata a Milano.

ADE

La Morte è una Madre che abbandona
tiene tutti gli altri figli
e lascia all'Ade te.

PRATO

Guarda: questa notte
hanno pettinato un prato
chi è stato? una madre
credo, una di quelle vere
di quelle che pettinando
di baci coprono il bambino
che prato beato
come sa di essere amato.

BABBI

Caro babbo I (in ordine di n.)
che ti chiamavi E.
che facevi il Preside
che quando ti ho detto
scusi mi hanno detto
che lei è mio padre
hai fatto un salto indietro
hai fatto un salto indietro.

Caro babbo II (ma primo)
che ti chiamavi Dante
che facevi il Campione d'Italia
di Sollevamento Pesi e il Vigile del Fuoco
che salvavi le persone
che hai fatto in tempo
a salvare anche me
prima di morire
a 34 anni.

ADOZIONE NINNA-OH

Ninna-oh ninna-oh
questo bimbo a chi lo do?
lo daremo alla sua mamma
che gli canti la ninna-nanna.

Ninna-oh ninna-oh
non lo vuole la sua mamma
chi gli canta la ninna-nanna?

Ninna-oh ninna-oh
cercheremo un'altra mamma
che gli canti la ninna-nanna.

Ninna-oh ninna-oh
questa sì e quella no
anzi quella sì e questa no
anzi forse ma però
questo bimbo a chi lo do?

139

BAMBINA

Col punto erba
col punto croce
diligente si cuciva le labbra
faceva il nodo.

C'ERA IL MURO

a Franco, Mimmo
Lucia, Anna

C'era il muro
dove appoggiava l'orecchio per sentire parlare
(la guancia fredda
l'odore di gesso)
quando cresceva troppo il silenzio
della sua casa
c'era il muro per sentire parlare di là i vicini.

DELL'ALLUVIONE

Cenavo sola
o in altre case.
Una volta mi dimenticai di dire dove.
Ero da una bambina del Polesine
detta «dell'alluvione»
perché sua madre era morta in una piena.
Trovai la mamma poveretta
a cercarmi per strada.
Mi ero dimenticata
quella volta
di dire dove.

GUARDA I BAMBINI DELLE COLONIE

Alla stazione
prima di partire
un pompiere faceva l'appello.
Sedevamo sulle valigie
e i bambini dicevano alle mamme
guarda i bambini delle colonie.
Un anno, per via dei tre cognomi,
mi fermarono a Livorno.
Non capivamo chi ero.
Dormii nella caserma del porto
e si vedevano le navi.
Quando proseguii per Tirrenia
fu sul camion rosso dei pompieri
e c'erano altri bambini.
Come ballavano le panche sul camion
e noi a ridere, attaccati alle valigie,
e a guardare fuori dal telone
le pinete del Mar Tirreno.

CUCCHIAINI

A tavola
per non parlare da sola
ha parlato con le sue posate
per tutta l'infanzia
per tutta l'adolescenza
con la signora Forchetta
e suo marito il Coltello
per tutti i pranzi
e tutte le cene
poi è diventata grande
non ha più parlato all'acciaio inossidabile
quasi più è tornata nel cassetto
dei feroci bambini cucchiaini.

RISO IN BIANCO

Venti anni che trascina il ricordo
di quel riso bianchissimo
di una sera
da qualcuno a mangiare.
Per non essere sola in casa la sera
che sola in casa degli altri:
mamme in cucina
fratelli più grandi o minori
cosa saranno un padre e un giornale?

Basta: alle dieci c'è da ringraziare
e scendere scale.
Le finestre illuminate
di sera
a quella bambina non lasciate guardare.
La sua porta da aprire
ha dietro i ladri
e che paura fa, respirare.

CONOSCENDO UN FRATELLO

a Marzio

Firenze in alluvione
la riga dell'acqua sulle case
conoscendo il fratello.

Dopo la stazione
le scale strette
e i tetti di Borgo Pinti.
L'usanza del tè
accompagna le ore
di nuovo alla stazione.

Immobile alle diciassette in treno:
la riga dell'acqua perseguita
fino a Milano.

CONOSCENDO L'ALTRO FRATELLO

a Fabrizio

Quei bambini in cortile
potevo essere io

quei fili per stendere
guardati parlando di madri
somiglianze
secondo te
secondo me
però non tanto
tranne le mani, così uguali
quella pioggia sugli alberi
quella paura
e il terrazzo col vento
e il pianoforte scordato
e l'Arno
e le stanze vuote
chi ci crede?
Anche gli equivoci dal lattaio
e ancora il buio delle stanze
e le somiglianze
e le risonanze
in via XX Settembre
dei giochi dei bambini
che potevo essere io.

CARA SORELLA

a Orietta

Cara sorella
oggi capisco
che ti eri spaventata
quando ero nata
avevi tredici anni
e anche tu l'infanzia
un po' minata
ma credi non era colpa mia
se ero nata.

ICTUS

Di nuovo
senza dirmi niente
sei andata via
madre e non-madre
mia.

CROCHET

Ti tengo nel tuo anellino
e nel tuo colorato crochet.
Ti tengo,
ma tu non hai tenuto me.

MAMMA

a te, e allo zio Umberto

Dall'ospedale a casa
che lieve passeggiata
vedrai che non sarai tanto malata.
Hai solo otto anni
l'«anta» lo buttiamo via
che bella bambina
madre mia.
L'altra è volata
in sordina.
Ora ho una mamma sola
(ma anche prima).

144

LATTE

... vedaremo...
dai balconi nel cielo
che te alati i pìcoli
delle Costellazioni.

E. CALZAVARA

Tanto lo so che anche dall'aldilà
ogni sette giorni mi farai pervenire
biancheria lavata stirata
bottiglie del latte materno
che non hai mai avuto
e più di tutte hai.

PAOLO

a Paolo Lamarque

Quel conoscerti tra il tavolo
e il mobile con lo specchio
tu parlavi in fretta dei quadri.
Un'ora dopo
noi due andavamo già più avanti
dietro venivano gli altri
e ricordo benissimo che portavi il cappello
girando per via Lazzaretto.
Era dicembre.
In gennaio
a casa tua
mi salutava già la portiera.

MIRYAM

Ecco mia figlia
già nell'età delle figurine
come io una volta
a scambiar doppioni.
Eccola giocare a pulci
col piccolo polso
e le cinque dita tese
e la vocetta a dire
«uno a uno pari»!

FEBBRE

Miryam bella già di nuovo la febbre
le guancine rosse
stai sotto sotto
adesso vengo anch'io a nanna
che sono la tua mamma.

CALZINA

Mia figlia dice
che le piacerebbe chiamarsi
«calzina».
Di che colore?
Saltando su un piede
già cambia di stanza
rispondendo ROSSA!
e a righe! mamma!

ESAME

Canta mia figlia
dopo un esame
e salta sui tavoli
e vola e vola
come una rondine!

PREGHIERA DELLE MAMME
CHE HANNO INVOLONTARIAMENTE MANCATO
NEI CONFRONTI DEI PROPRI FIGLI

> le poesie possono aspettare
> non possono aspettare le persone care.

Oh lasciati figlio
al mille per mille di interesse
per ognuno di quegli anni risarcire
per quando avevi un anno
per quando avevi due tre sette anni
per gli anni della nostra assenza
per quando avevi un anno
per quando avevi due tre sette anni
per gli anni della nostra assenza
per quando ci chiamavi e non c'eravamo
o c'eravamo ma eravamo perse a noi stesse
o c'eravamo ma non vedevamo
perché stavamo male
perché stavo male stavo male
figlia dolce mia.

QUANDO PAPÀ

Quando papà fa Carosello
come ridi
come ridi.
Lasciati guardare figlia mia
– alt –
così.

SOGNO D'ORO (II)

Non mi ero separata
padre madre figlia
la famiglia continuava unita
oh il percorso bello della vita.

Pennino

In futuro, che quelli che verranno a giocare
con me non abbiano cuore.

O. WILDE, *Il compleanno dell'Infanta*

PENNINO (I)

Dopo di te
sposerò il mio pennino
e nessun altro
e nessun altro
il mio pennino
d'acciaio affilato
per sempre l'ho sposato.

PASSERO

Richieste fantastiche avanza
amori di sole piume
voli bassi a mezz'aria
che solo pulviscoli entrassero
sulle guance baci
ma da passero.

SPAESANTE RITORNO

Spaesante ritorno
docile lascio che mi lasci
nel cuore della notte se il vento
o un ladro
fanno di là un rumore
sono io il mio capofamiglia
che si alza nel buio
a rassicurare la figlia.

LE MONACHINE

a T.

Nella tua casa
di carta velina
da sotto il tavolo spiare
le monachine
che nel camino fanno
puntini di esclamazione
e di domanda.

ONOMASTICO

Allo spuntar del sole
da un angolo è sbucato
il Signore che Taglia le Magnolie
aveva un coltellaccio era
il giorno limpido
del tuo onomastico.

I POETI (VIVENTI) CHE HO AMATO

I poeti che ho amato
mi hanno fatto bei regali
matite d'oro conchiglie dell'Atlantico
libri meravigliosi di (in ordine
alfabetico) Hesse Penna Saba Villon
le lettere di Pound le lettere di Rimbaud
le poesie degli olandesi Gerhardt Greshoff ecc.
e anche sinfonie e ancora poesie
e poesie e poesie...

i poeti che ho amato
mi hanno telefonato.

GLÖCKLEIN

a M.

Il giorno della settimana
che ti potrò vedere
giungerà per slitta
da paesi lontani
si farà strada tra la neve alta
suonando campanelle
in tedesco GLÖCKLEIN.
Busserà nei vetri
credendo che io dorma
dirà GIORNO SPECIALE
e poi volerà via.

PIOVE

a L.B.

Piove l'amore mio si bagna
mette rametti e foglie
nel mezzo del giardino
cespugli e arbusti spiano
l'insolito vicino.

LA NOTTE DEI GATTINI

a R.

La notte dei gattini
ti ho voluto del bene in più.
La notte dei gattini?
Sì, abbandonati come bambini.

ORTO

Le mie gite apro la finestra
e raggiungo l'orto
guardo i legumi in fila, raddrizzo
un pomodoro storto.

AL MIO CANE BRIGANTE
(e al QT8, e ai suoi abitanti)

dei cani un po' brutti
eri il più bello di tutti

Aveva nevicato tutta la notte
la tua ciotola era piena di neve
la cassetta della posta non si apriva più
dovevo spalare intorno al cancello.
Gli alberi erano diventati meravigliosi.

PÈSS FRITT

L'è tütt el dì che sun chì a spettà la tua telefunada
stu chì me mövi no stu chì inciudada
a pensà ai robb de ditt
a tütti i drin fu 'n salt ma l'è la mamma
la zia 'l diavul la cügnada te set mai tì.
Inscì a pensà ai robb de ditt u passà la matina
'l dopomessdì la sera
e adèss che gh'è föra la lüna
adess ghe la fu pü e alura alura
salti sù in pè sul tavulin
me mètti a fà mì fort fort drin drin
püssé fort driin cume 'na disperada
e pö disi pronto pronto e varda
te set propi tì che te me diset cume la va?
ste me cüntet de bèll?
e alura tütt'a'n tratt
me desmenteghi tütt quèll che te vurevi dì
de tütt quei robb me ven in ment pü nient de nient
ma devi truvà sübit 'n quaicoss
sübit se no tì te diset bè ciau e te tachet sü
devi truvà 'n quaicoss sübit eccu te disi
ier u cumprà di bei pèss d'un culurin azzürrit ciar
e gh'u tajà via 'l cu puarètt la cua
gh'u dervì la panscia poeu i u lavà ben ben
i u passà nella farina bianca e i u fà fritt puarètt
fritt.
Tì te diset ah sì, fritt?
e pö te diset pü nient de nient
e anca mi disi pü nient resti lì imbambulada
cume i pèss fritt, azzürrit.

CANTO

all'Arnaio,
a Gioxe e Patricia
a M. e L.

Toc, il cuore dopo tanto
ha ribattuto

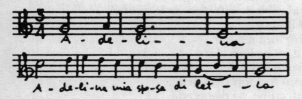

per una storia in un canto
era il canto di Adelina
di Adelina e del suo sposino
che l'aspettava
in un giardino.

LE QUATTRO STAGIONI

Autunno

Oggi gli Dèi
mi hanno mandato un regalino:
una castagna lucida
di quelle matte matte
ride nel mio giardino.

Inverno

– Le provviste sono già finite!
– Hai calcolato male
(dialogo tra due formiche
il giorno di Natale).

Primavera (vista da passeri)

– Guarda: vangano
domani semineranno.
– E gli spaventapasseri?
– Non ti preoccupare
ti difenderò io
non ti mangeranno.

Estate

Mentre facevo la punta alla matita
l'estate è diventata autunno
è già finita.

AUTORITRATTO

Io uovo di Pasqua
ho carta e carta addosso
un fiocco rosa stretto
cioccolato nero in fronte
pulcini a mille in testa
sto dietro al vetro
con una sorpresa dentro.

GARZANTINA

Sono una poetina media
normale
da due righe e mezzo
sulla garzantina universale.

PENNINO (II)

Sono quasi felice
ti posso cantare
il sole batte su questo pennino
lo fa luccicare.

Questa quieta polvere

al cimitero di Tesero

This quiet Dust
was Ladies and Gentlemen.
E. DICKINSON

QUESTA QUIETA POLVERE

I

Che fa il mio bimbo?
Che fa il mio capriolo?
Verrà tre volte ancora
E poi non verrà più

Disse al figurinaio: fammi una statua di cera
che si muova come un uomo vero

i morti se li tocchi sono freddi
invece i vivi sono tutta un'altra cosa

l'amore mio quando lo toccavo
ero felice

In un certo reame in un certo stato
vivevano un tempo un re e una regina

ieri ho avuto una visione
l'amore mio era in giardino
metà era vecchio
metà era bambino

l'ultima volta mi aveva detto
se mi ammalo tu mi curi?
e io avevo detto sì
sai smacchiare le giacche?
e io avevo detto un po'

In un certo reame in un certo stato
vivevano un tempo un re e una regina

il mattino dopo che si è morti
non ci si può svegliare
la vita è finita
è incominciata la morte

non si può sempre restare
un po' starò
e un po' andrò

io lo so dove andare
conosco certi luoghi
dove l'amore mio col suo profilo va

le acque di una stessa rapida vanno fra mille ostacoli
poi si riuniscono, anche se non subito

dimmi: ma tu e l'amore tuo siete di una stessa rapida?
sì se no non saremmo una volta confluiti

e quando sarebbe non subito?

fra mille e ottomila generazioni finché questo ciottolo
diventi masso

certe volte io credo di assomigliare a qualcuno
certe volte io credo di non assomigliare a nessuno
io assomiglio a me stessa
innamorata dell'amore mio

Che fa il mio bimbo?
Che fa il mio capriolo?
Verrà tre volte ancora
E poi non verrà più

con questa luce forte
si vede a prima vista che l'amore mio non c'è
l'amore mio manca

l'amore mio manca così tanto
che non vedo l'ora che sia buio
buio nero per non vederci più

al buio certe volte
l'amore mio col suo profilo appare

non mi dice parole
né si lascia toccare
comunque al buio certe volte
l'amore mio col suo profilo appare

II

io mi ricordo la prima volta che lo vidi
erano le ore 16 del giorno sabato di giugno
lui arrivava da un corridoio lungo

dove si ritira l'Amore
avanza la Morte Giardiniera

io non voglio la Morte Giardiniera
io voglio un giardino
con dentro l'amore mio a zappare

se un giorno l'amore mio ritornerà
io sarò felice

come le piantine di riso che in autunno
si reclinano tutte d'un verso
a voi a voi vorrei piegarmi

adesso basta non esserci
adesso voglio che l'amore mio ci sia
voglio che l'amore mio sia lì
anzi qui
che io possa allungando una mano
toccarlo

Disse al figurinaio: fammi una statua di cera
che si muova come un uomo vero

i morti se li tocchi sono freddi
invece i vivi sono tutta un'altra cosa

l'amore mio quando lo toccavo
ero felice

Questa Quieta Polvere
fu Signori e Signore

io non voglio essere quieta
io non voglio essere polvere

nelle vite quando mettono la data di nascita
io vado subito a vedere la data di morte
poi faccio la sottrazione
e metto il risultato

io non sono morta io sono nata,
il 19 aprile 1946

sono viva credo
i rami sulla mia mano
sono pieni di convolvolo

III

Un due un due un soldato avanza marciando per la strada
maestra. Aveva lo zaino sulla schiena e una sciabola al fianco
perché era stato in guerra e ora tornava a casa

se l'amore mio a me manca
perché anch'io non mancare all'amore mio?

se all'amore tuo mancassi
l'amore tuo si farebbe vivo

l'amore mio non si fa vivo
trovandosi in un tunnel
ma quando il tunnel finirà
ecco l'amore mio che bello come un treno appare

ma quanto è lungo questo tunnel?

questo tunnel è lungo come quello
di gran lunga più lungo di tutti
in una serie di lunghi tunnel
lungo come quello che la gente in treno dice
questo è quello lungo

tornò a casa comperò la bara vi si stese dentro e subito morì

io alla memoria chiedo
di dimenticare l'amore mio
e di ricordare le altre cose

invece io mi ricordo l'amore mio
e mi dimentico le altre cose

la morte è stata nella casa di fronte

quando muoiono gli altri
non è come morire noi in persona

io li ho visti i morti
è impossibile guardarli tanto
per questo li mettono sotto terra

il mondo sa di polvere
quando ci fermiamo a morire

quando muoriamo noi
non è come quando muoiono gli altri

si vede l'ultimo oggetto della nostra vita
poi si viene messi sotto terra
e nient'altro, nemmeno un movimento impercettibile

il mattino dopo che si è morti
non ci si può svegliare
la vita è finita
è incominciata la morte

(l'anno era diviso in giorni
i giorni erano 365
sembravano tanti)

io al mattino voglio svegliarmi e alzarmi
non starmene lì sotto terra

sono viva credo
i rami sulla mia mano
sono pieni di convolvolo

il mattino dopo che si è morti
non ci si può svegliare
la vita è finita
è incominciata la morte

IV

Ci fermammo a una Casa
che sembrava un Rigonfio della Terra
il Tetto si vedeva appena
il Cornicione era sotto terra

la notte della tosse quasi al mattino
l'amore mio mi venne vicino piano piano
(veramente ero già lì)
io capii al volo

io mi ricordo
che ero completamente felice

tagliategli la testa! ordinò la regina

arrivava da un corridoio lungo
lui era il più bello di tutti
tagliategli la testa! ordinò la regina

166

non si può sempre restare
un po' starò e un po' andrò

(cento anni dal desiderio erano passati)

io lo so dove andare
conosco certi luoghi
dove l'amore mio col suo profilo va

supponiamo che mi aspetti, ansioso di non trovarmi
dall'altra parte del mondo

non si può sempre restare
un po' starò e un po' andrò

conosco certi luoghi
dove l'amore mio col suo profilo va

certe volte io penso
va bene ci sono tante altre cose al mondo
però non c'è l'amore mio

e certe volte io penso
va bene non c'è l'amore mio
però ci sono tante altre cose al mondo

per esempio ci sono le visioni
con le visioni si può vedere tutto

si può vedere la visione del profilo delle montagne
con lo sfondo del profilo dell'amore mio

oppure la visione di un fiume impetuoso
con dentro l'amore mio che guada

oppure la visione del lago di Brais
tutto circondato dall'amore mio

oppure la visione della Valle di Neve
cosiddetta perché la sua terra
è del color della neve

V

la notte della tosse quasi al mattino
l'amore mio mi venne vicino piano piano
(veramente ero già lì)
io capii al volo

attento se hanno gli occhi aperti i draghi dormono
se li hanno chiusi sono svegli

ieri ho avuto una visione
l'amore mio era in giardino
metà era vecchio metà era bambino

tra la forma della vita e la vita
grande è la differenza

l'amore mio non venendo
mi sta mangiando un mostro

tagliategli la testa! ordinò la regina

adesso sotto la mia pelle
si vedono le mie ossa
prima non le avevo viste mai
le mie ossa sono molto belle

cominciò a passeggiare per gli stradini, a giocare con i
bambini, prendeva uno per la manina gliela staccava,
prendeva un altro per la gambina gliela spezzava

forse l'amore mio si è un po' disamorato di me
però potrebbe rinnamorarsi di nuovo

il piccolo Claus prese la vecchia morta e se la mise nel
proprio letto ancora caldo per vedere se risuscitava

io mi ricordo la prima volta che lo vidi
erano le ore 16 del giorno sabato di giugno
lui arrivava da un corridoio lungo

le teste sono state tagliate?
lo sono state Vostra Maestà

VI

Poiché non potevo fermarmi per la Morte
lei gentilmente si fermò per me

quando muoriamo noi
non è come quando muoiono gli altri
si vede l'ultimo oggetto della nostra vita
e nient'altro

Questa Quieta Polvere
fu Signori e Signore

io non sono morta io sono nata,
il 19 aprile 1946

sono viva credo
i rami sulla mia mano
sono pieni di convolvolo

io non vorrei essere così affezionata
un poco meno

Hai il coraggio di seguirmi? – chiese – sono la Morte

la prima volta egli mi chiese
posso togliermi la giacca?
io gli dissi naturalmente

prendeva uno per la manina gliela staccava, prendeva un altro
per la gambina gliela spezzava

che l'amore mio essendo bellissimo
l'abbiano rapito degli Dèi invidiosi?

attento se hanno gli occhi aperti i draghi dormono
se li hanno chiusi sono svegli

se un giorno l'amore mio ritornerà
io sarò felice

oh i sagrati – disse il vento –
è quasi sempre da lì che rapisco i miei prediletti

io li ho visti i morti
è impossibile guardarli tanto
per questo li mettono sotto terra

io non voglio essere messa sotto terra
là manca l'aria anche se si è morti

oh i sagrati – disse il vento –
è quasi sempre da lì che rapisco i miei prediletti

quando muoriamo noi
non è come quando muoiono gli altri

si vede l'ultimo oggetto della nostra vita
poi si viene messi sotto terra
e nient'altro, nemmeno un movimento impercettibile

il mattino dopo che si è morti
non ci si può svegliare
la vita è finita
è incominciata la morte

poiché non potevo fermarmi per la morte
lei gentilmente si fermò per me

anche da morta mi ricorderò i ricordi
mi ricorderò sempre di quando ero viva

l'amore mio quando lo toccavo
ero felice

VII

La tristissima storia degli zolfanelli:

suvvia finiscila con questo gioco
che c'è pericolo di prender fuoco

ieri ho avuto una visione
l'amore mio era in giardino
metà era vecchio metà era bambino

io gli dicevo mangia
lui mi diceva prima tu

dopo un giorno Gasparino
s'era fatto magrolino
Gasparino il dì seguente
diventato è trasparente

perché piuttosto non essere vivi e felici?
io certe volte l'ho provato

dimmi: adesso dov'è l'amore tuo?

adesso l'amore mio
è nel suo bosco nella Valle di Neve
cosiddetta perché la sua terra
è del color della neve

e cosa fa l'amore tuo?

l'amore mio non fa che pensare a me
è disperato
perché l'amore mio
senza vedermi
non può stare

e allora perché l'amore tuo non torna a te?

l'amore mio non torna a me
trovandosi in un tunnel

fa la ninna fa la nanna
tesoruccio della mamma
della mamma e del papà
che stasera tornerà
tornerà per lo stradello
del vicino campicello

l'amore-mio-marito sì era speciale
il mio cognome è suo

VIII

passarono da lì tre streghe: una gobba, l'altra guercia,
la terza con una lisca in gola

telefonò una voce che aveva sbagliato numero
io capii al volo e anch'io sbagliai numero

eravamo le innamorate dell'amore mio
che volevamo sentire le nostre voci

tagliategli la testa! ordinò la regina

il mattino dopo che si è morti
non ci si può svegliare
la vita è finita
è incominciata la morte

se l'amore mio tornasse
farei L'Allegra
La Guarita

oh i sagrati – disse il vento –
è quasi sempre da lì che rapisco i miei prediletti

(il 2 novembre era il giorno dei morti e i morti erano gli altri)

non si può sempre restare
un po' starò
e un po' andrò
io lo so dove andare
conosco certi luoghi
dove l'amore mio col suo profilo va

supponiamo che mi aspetti, ansioso di non trovarmi,
dall'altra parte del mondo

camminerò e camminerò
non si può sempre restare

un po' starò
e un po' andrò

Hai il coraggio di seguirmi? – chiese – sono la Morte

camminerò e camminerò
impossibile che mi stanchi

conosco certi luoghi
dove l'amore mio col suo profilo va

Ma dove vuoi andare? Voglio tornare da mamma e papà là sul
ponte. Non ci sono più sul ponte. E dove sono? In una buca. In
una buca? Sì

quando sto per vedere un fiume
io chiudo gli occhi in fretta
sperando di non vederlo

ma purtroppo non faccio in tempo a non vederlo
e lo vedo

quando il pensiero viene meno, il peso del corpo resta il medesimo

(ci perseguitarono tanto ci misero al rogo)

certe volte io penso
va bene ci sono tante altre cose al mondo
però non c'è l'amore mio

(sul monte Albergian i nostri bambini furono uccisi dal freddo)

e certe volte io penso
va bene non c'è l'amore mio
però ci sono tante altre cose al mondo

(cari tre fratelli una qui e uno lì e uno lì)

per esempio ci sono le visioni
con le visioni si può vedere tutto
si può vedere la visione del profilo delle montagne
con lo sfondo del profilo dell'amore mio

oppure la visione di un fiume impetuoso
con dentro l'amore mio che guada

oppure la visione del lago di Brais
tutto circondato dall'amore mio

oppure la visione della Valle di Neve
cosiddetta perché la sua terra
è del color della neve

IX

questa notte io ho sognato
che l'amore mio era tornato
io facevo carezze alla sua mano
ma la sua mano non faceva carezze a me:
l'amore mio aveva una mano di marmo

storture non si raddrizzano
privazioni restano prive

in casa si vede subito
che l'amore mio non c'è
ma fuori c'è tanto spazio
dove l'amore mio potrebbe essere
allora io con gli occhi
dappertutto lo cerco

tagliategli la testa! ordinò la regina

perché dall'amore mio
non essere certe volte pedinata?

io mi guardo alle spalle
ma non lo sono

le teste sono state tagliate?
lo sono state Vostra Maestà

ieri ho avuta una visione
l'amore mio era in giardino
metà era vecchio metà era bambino

dimmi: cosa ti ha detto l'amore tuo?

l'amore mio mi ha detto
mi fermerò presto

dove si fermerà presto l'amore tuo?

l'amore mio si fermerà presto da me
nella mia casa

quanto tempo si fermerà l'amore tuo?

l'amore mio si fermerà per sempre
e anche di più

e adesso dov'è l'amore tuo?

l'amore mio è nella Valle di Neve
cosiddetta perché la sua terra
è del color della neve

Che fa il mio bimbo?
Che fa il mio capriolo?
Verrà tre volte ancora
E poi non verrà più

Poesie dando del Lei (altre)

al Dottor B.M.

Poi caramente mi prese per mano
Inferno, XXXI, 28

Cercavo la giusta matita
per fare in Suo onore un ghirigoro
gli occhi mi brillavano
come a un cercatore d'oro.

*

Guardi Dottore:
una bambina mi ha spaccato
la mente.
Guarda verso di Lei
La chiama perentoriamente.

*

Sonnambulina l'amavo
leggermente stordita
dai giorni e dalle notti
della Vita.

*

Fuori dalla Sua porta
c'erano sei gradini
lì una sera trovò
qualcuno che dormiva
si chinò a guardare
era una bambina

oh ma non dormiva
oh ma non era viva.

*

Va bene vada pure lontano
non La inseguirò
nemmeno di martedì nemmeno di venerdì
mi lasci pure giù
dal Suo treno
sono la valigia per sempre non Sua
resto qui.

*

Il fiume Po da Lei amato
ho sognato.
Scorreva
ma all'indietro
Lei era un bambino attento
un poco ombroso
guardava il fiume Po
silenzioso.

*

Spaesata mi voltavo
forse dall'altra parte
del lenzuolo
avrei trovato Lei
rovente e gelido
spinato come un filo
da non toccare mai.

*

Caro Dottore
un amore vorrei
uguale uguale
a Lei.

*

Oh fossi io
la pagina di libro
che Lei
così fortemente
riga.

*

Se ho scritto qualche poesia di meno
meglio! così Le ho portato
basilico rosmarino aghi di pino
lettere conchiglie gomme barchette
giocattoli Dèi quaderni michette
biglietti sassi disegni matite
bacche semi di magnolia margherite
e margherite e margherite
qualche poesia di meno
ma un po' di vita almeno.

*

Così breve la vita
oh mi resti per quel poco accanto
poi
quando Lei sarà albero
e io fogliolina
nessun ottobre
nessun novembre
riuscirà a staccarmi
scommettiamo?
dal Suo ramo.

*

Faremo anche noi
un viaggio insieme un giorno
valigie leggere
per il nostro viaggio nell'aria
nessuna prenotazione necessaria.

*

Un Analista di lino vestito
di fronte a me seduto guarda
e io guardo
la forma del suo sguardo.

*

(Ma qualche volta si vorrebbe
dietro il fantasma l'uomo reale
l'imperfetto amato
l'altra metà del cielo
desiderato).

*

Caro Dottore
quando La chiamerò nell'aldilà
ci sia mi raccomando
(e ci sia l'Eternità).

*

Pulirò bene bene con l'alcool
i vetri d'aria tutt'intorno
per meglio vederLa arrivare
quel giorno.

In bicicletta
come bambini in bicicletta
come bambini su quella del padre
della madre giovani giganti
seduti dietro o davanti a dire
oh guarda chi c'è saluta
con la manina non mettere
i piedi nelle ruote, in bicicletta
con una mano con nessuna mano e a chi tieni
a chi tieni a Bartali a Coppi? in bicicletta
come Jung in una foto del '10
in Italia con un grande cappello
su grandi ruote, in bicicletta
come il Dottor B.M. sulla sua Holland
a correre da noi rimasti senz'aria
come ruote bucate, in bicicletta
come me con i fiori nel cestino
l'infanzia se ne è andata in bicicletta,
da un giardino.

Caro Dottore Le scrivo
dal lago di Zurigo
ch'essendo autunno
ha foglie rosse e d'oro
e nuvole sulla fronte
di quel monte che la casa
di Jung guarda
e che io guardo con Rossana
e Alida, lasci Dottore che Le scriva
da questo lago da dove Lei guardava
con le nuvole sulla fronte
l'orizzonte.

Caro Dottore che cammina e cammina
come un Walser ma sano
per la montagna Milano
con dietro una scìa
di sogni strampalati
dei Suoi malati
mostri gentili e Dèi
passeggiano con Lei
oh beati vorrei camminare anch'io
con il mio Dottore sano
e con Mercurio e gli altri Dèi
a Milano.

BALLATA DEGLI OCCHIALI NERI
(da leggersi senza pause, concitatamente, ma con voce incolore)

I. Al Café Haus

Dietro gli occhiali neri
io Le cercavo gli occhi
gli occhi amati cercavo
e la voce gentile
il sole c'era
ma era disperato
c'era il tè caldo
ma era tè ghiacciato
per terra c'era un guanto
di una grande mano
io mi sentivo male
male piano piano
dietro gli occhiali neri
io Le cercavo gli occhi
gli occhi amati cercavo
e la voce gentile
oh la Norvegia aiuto
stavo per morire
dov'era il Suo bel cuore
il Suo cuore gentile
chi c'era lì seduto
dietro gli occhiali neri
dietro gli occhiali neri
io non trovavo gli occhi
forse così è la morte
io mi sentivo male
male forte forte
c'era un guanto per terra
di una grande mano
c'era una strana ragazza
ed un ragazzo strano
c'era un cameriere
c'era Corso Sempione
e sotto un cielo azzurro
azzurro gelato
l'Arco della Pace era insanguinato.

II. Ai giardini

Senza gli occhiali neri
d'improvviso i Suoi occhi
gli occhi Suoi ritrovati
e la voce gentile
ma solo per l'istante
prima di sparire
oh i giochi dei bambini
le voci delle mamme
stavo per gelare
e avevo il cuore in fiamme
giocavan con la palla
e una bambina a mamme
stavo per gelare
bruciata dalle fiamme
oh i giochi dei bambini
io mi sentivo sola
c'era una bambina
io ero una signora
c'erano panchine
ero disperata
c'erano mamme nonne
c'era anche una tata
e l'erba nelle aiole
e in mezzo al cielo il sole
forse così è la morte
io mi sentivo male
male forte forte
oh i giochi dei bambini
le voci delle mamme
cercavo gli occhi amati
e la voce gentile
forse sarà così morire.

MA NELL'AL DI LÀ

Ma nell'aldilà
nessuno nessuno ci separerà:
saremo due gocce di pioggia uguali
o saremo due moscerini con le ali
saremo due lumachine lente liete
o due puntini splendenti di stelle comete
saremo due granelli di terra rotondi
o saremo due insettini vagabondi
uno davanti l'altra dietro
cammineremo cammineremo
circumnavigheremo il vetro
della finestra chiusa ma se aperta
via via per l'alto del cielo punteremo
di tanto in tanto Lei si girerà
controllerà che anch'io ci sia
ci sarò ci sarò anima mia.

Cercasi: poesie per un trasloco

a Alida Airaghi

Ma c'è una Casa chiamata degli Smarriti e così
dite all'uomo che vi siete persi e lui vi ritroverà.
J.M. BARRIE, *Peter Pan nei giardini di Kensington*

CERCASI

Cercasi casa
cercasi casa con sole
con sole fin dal mattino
casa con dentro un bambino
con madre con padre
secondo te a chi assomiglia
cercasi casa
con dentro famiglia.

CAMBIO CASA

Cambio casa cambi casa
cambieremo tutti casa
da orridi interrati
mal abitati, via! via!
passeremo a più luminosi piani
con infinite nuvole e vani
ma speriamo che mettano almeno un po' vicini
i grandi e i medi
ai bambini.

FUOCHISTA

Cercasi casa
cercasi casa assolata
la mia fuochista
si è addormentata.

TRASLOCO

Cercasi casa con luce forte
così quando viene la Morte
quando la Morte viene forse
si spaventa e torna indietro
indietro per almeno di vita ancora un poco
prima dell'ultimo trasloco.

(Anzi traslocheremo ancora
da terra a fiore: io per me
scelgo una margherita[1]
come casanuova
in una nuovavita).

TROVATA

a Franco, Marisa, Marco

Trovata, e con sole
con sole fin dal mattino
e con vista su un castellino
finto, e su una caserma
vera, e col tennis di sotto
e sul piano una signora
con un cane bassotto e c'è anche
e c'è anche una vera famiglia
con un bambino, che assomiglia.

[1] del tipo pratolina.

FINESTRA

alla via Arimondi

Quanto cara mi è questa finestra
che mi separa e unisce a Milano.
Ma questa caserma coi soldatini
di stagno e questo castellino finto
o che sia vero? qual è il giusto tempo?
cosa quel RAI lassù, a mezzo cielo?
e da piazza Firenze (mia matrigna)
perché l'1 verde spunta arancione?
Quando lo sento in strada sferragliare
qual eco risuona, e come e dove
familiare? Quando qui sotto il vecchio
Tennis – già da cent'anni – gioca
e dalla caserma l'Inno d'Italia
sale, l'Italia s'è e quando desta?
tutto mi gira e gira nella testa.

CONDÓMINO

al Signor S.

Cammino piano, qua sotto
al terzo piano dorme un condomino
morto. È tornato morto stasera
dall'ospedale, gli hanno salito
le scale, gli hanno aperto la porta
anche senza suonare, ha usato
per l'ultima volta il verbo entrare.
Ha dormito con noialtri condomini
essendo notte sembrava a noi uguale
ha dormito otto ore ma poi ancora
e ancora e ancora oltre la tromba
mattutina dei soldati, oltre il sole
alto nel cielo, ora che noi ci muoviamo
non è più a noi uguale. È un condomino
morto. Scenderà senza piedi le scale.
Era gentile, stava alla finestra
aveva un canarino, aveva i suoi millesimi
condominiali, guarda gli stanno spuntando
le ali.

Fine millennio

ai poveri che ci circondano

Quel povero diavolo è stato derubato di quattro monete d'oro: pigliatelo dunque e mettetelo subito in prigione.
Le avventure di Pinocchio, cap. XIX

BELLA COPIA

Ama il possesso che fa tuoi
ma non toglie agli altri
cielo e terra.
SIRO ANGELI

Poter domani
il Foglio di Bella
della vita cominciare
correggere la brutta cancellare
togliere gli errori (modi e tempi
sbagliati, nomi) ritoccare.
Che bello il bianco foglio nella mano
luccica il pennino, cominciamo.

E dopo la nostra poter passare
alla Bella del mondo, come fare?
Prima una somma, poi una divisione[1]
giusta però, guarda che errori
nella brutta, che vergogna.
Se restan quegli sbagli nel copiare
la Bella Copia del mondo – o Felicità –
non si può fare.

[1] dei beni.

GIROTONDO

Girogirotondo casca il mondo
casca la terra
si alza la Guerra.

La Guerra si alza
si sdraiano i vivi
si alzano i morti
i vivi diventano morti.

Come gioca la Guerra
oh guarda un bambino
sotto la terra.

PUEBLO

a Rossella e Antonio

Mai mai mai... oh come
gonfi di desideri inavverati i morti
senti come il pueblo

unido sotto l'erba piange.

NUOVI DÈI

Non ho vetri oggi mi spiace
per le vostre candide mani nere
solo il fanale di questa bicicletta
su salite andiamo là da dove venite
a riabbracciare a raccontare
quello che qui avete trovato
soprannomi ridicoli, teste
girate dall'altra parte a sperare
che venga verde che venga verde
in fretta per mille lire in più
negli antri delle nostre buie tasche
nuovi ostiari per nuovi Dèi
dai nomi Centomila Milione Miliardo.

VÙ CUMPRÀ

tutti non fumare,
venduto niente oggi

Agosto ce ne andiamo
vi lasciamo Milano
vigilate voi, noi assenti
sulle nostre case eleganti
sui bei ladri distinti
sui governanti
noi ce ne andiamo, vi lasciamo
i nostri cani adorati
affamati assetati
ce ne andiamo, vigilate voi
sulla statuina che è d'oro
che non se la portino via
vi lasciamo per compagnia
i nostri cani adorati
affamati assetati
e poi piccioni e piccioni
e sotto i piccioni
statue dai grandi nomi
statue rinomate
ma voi come vi chiamate?
Vi abbiamo tolto anche i nomi
nelle nostre città
vigilate voi, voi Persone
che chiamano Vù Cumprà.

CODE

Non mi dispiace fare le code
c'è tempo per pensare per guardare
dentro la borsa, dentro la tasca
dell'auto, tempo per programmare i giorni
a venire domani dopodomani, per guardare
negli occhi quell'extra-gentile (che vetro
scintillante mi ha fatto gli ho chiesto
il sinistro domani il destro, ogni giorno
un pezzetto diverso) tempo per guardare
quel bel geranio al quarto piano, sta
bagnandolo una vecchina pulita
bellina, tempo per leggere i titoli, il nome
di una via, tempo per cominciare
questa poesia.

SOLDATI

«Signor tenente, el me brasso el me lo cava...
E adesso che cosa ne faccio? Ciao». E lo
buttò nella neve.
G. BEDESCHI

Problema:
se ne morirono congelati seimila
solo tra Natale e l'Epifania
quanti ne morirono
in tutto?

200

ASINELLO

Platero es pequeño, peludo, suave
J.R. JIMÉNEZ

agli animali, nuovi santi

Un paradiso subito
per questo Asinello
con mosche a mille
intorno agli occhi miti
e il mondo intero
da trasportare
per poter mangiare.

TESTAMENTO

ai nuovi milanesi di colore

A certi che so io
lascio tutto e agli altri niente.
E le poesie belle agli amici
e ai nemici le brutte.
E le cose di valore? Le cose di valore
ai nuovi milanesi di colore
che per due lire ci fanno i vetri luccicanti
(oh nostri innocentissimi emigranti
per due lire venuti da lontano
con i vostri negozietti in una mano).
E lascio i miei fiori al mio giardino
e alla terra gentile che mi starà vicino
ci faremo senza voce compagnia
e buongiorno morte e così sia.

Post Scriptum

*ma fammi figlia mia due finestrelle
per qualche volta salire a riveder le stelle*

201

NUVOLA

a Jole

Che nuvola gigante guarda si sta
spostando oh guarda quante quante
persone dentro quante dove vanno
saranno milioni e milioni guarda
viaggiano come in vagoni ma
leggeri pesano come pensieri
lieti come petali seccati eppure
sono i Già-Morti o che siano i Non-Ancora
Nati? o forse che sia circolare questo venire
questo andare forse come a Milano la 91
la 92 quando scendi non muori vai
ritornerai che nuvola gigante
guarda le persone che erano
malate guarda le piante mai
innaffiate guarda persino velieri
oh quel morto annegato di ieri guarda milioni
e milioni che vanno che vanno
non sembrano stanchi guarda che bambini
leggeri e signore vestite di bianco di rosa
guarda una sposa un branco un cane pastore
che sembra un santo forse è stato incoronato
sì l'hanno fatto re del cielo per quanto in terra
ha patito di calci e bastoni oh guarda su quella
nuvola frastagliata guarda una bambina dall'aria
spaesata guarda deve essere appena arrivata.

DI COLORE

a scuola leccava la calce del muro,
sperava di impallidire.

Quando tra un po' di anni
saremo polvere di terra
ad aprile faremo fili d'erba
e a maggio faremo un bel fiore
gloriosamente «di colore».

REQUIEM PER MARGHERITE

Non beati gli assetati
sui treni: fiori, *Ebrei*
agnelli, bambini
(e ho paura non si aprono
più sui moderni treni
i finestrini)
non beati gli assetati
fiori della carrozza ristorante
senz'acqua nel vaso
per non bagnare
la tovaglia elegante
Requiem-per-margherite
una per ogni tavolino guardavano
tutte in fin di vita
dal finestrino la pioggia
tese verso il vetro la chiamavano
la chiamavano *Regen! Regen!*
credete a chi le ha sentite
sembravano bambine le margherite
sembravano bambini
(e ho paura non si aprono
più sui moderni treni
i finestrini).

RUANDA

Com'è orribile Terezín!
Quando torneremo a casa?

Fine millennio con un fiume infernale?
Con noi che cambiamo canale?
Si vergogna l'erba che guarda
gli alberi arrossiscono
se ne vorrebbero andare.

Dall'acqua (dai forni)
come da finestrini
salutano il millennio
braccia e braccia
di bambini.

Come i fiori

a Vittoria Botteri

Le persone non muoiono, restano incantate.
GUIMARÃES ROSA

CI ASPETTA

Ci aspetta paziente
in un angolino
conosce il giorno e l'ora
che noi non conosciamo ancora.

(Era entrata chissà quando
pianino, nessuno l'aveva vista
o forse un bambino.)

A D. MORTA A 36 ANNI

Sogno che sei viva
che ti consolo della morte di un altro
invece il morto sei tu
povera animella che non sente
che ricomincia aprile.

CARA DANIELA

Cara Daniela scrivendo
poco fa una emme un po'
gobbuta come facevi tu
ti ho vista con la penna
in mano, con i calzettoni
al ginocchio, ultima di noi tutte
a passare al nylon (non volevi
eri speciale) prima di tutte noi
a scendere all'Ade, Daniela
i tuoi bambini piccoli sono cresciuti
ma non oso guardarli perché dicono
che una è uguale a te, uguale,
mi fa troppo male.

A PASOLINI

Che cielo azzurro guarda si è schierato
per il tuo anniversario
di assassinato.
Proprio un giorno da partita
di pallone vedi? O da lì
non si vede proprio niente
niente? Non senti che vento forte
si è levato? Con un vento così
il pallone ti sarebbe forse sfuggito
svolato come tu quel giorno a noi.
È un novembre con i colori di aprile
siamo qui soli con te Pasolini
con quel tuo morire.

LO DIVENTEREMO

a C.O.

Poverini che vogliamo
diventare magri belli
lo diventeremo lo diventeremo
magrissimi e bellissimi
come la terra e gli insetti
come i fiori.

VICINI

Quando mi ricordo della morte
guardo diversamente
i Fiori e l'Erba
li accarezzo preparo
la nostra futura amicizia
saremo così vicini!
i vicini più stretti
guarderò tanto (dal basso)
i loro steli perfetti.

NOI

Noi da secoli usciti
entrerà dalle nostre porte
il Mare:
dove giocavano i bambini
gentili alghe, muti pesciolini.

QUESTE CONCHIGLIE

Queste conchiglie che ho trovato
saremo noi
noi acquietati levigati
senza più dolori
di bei colori
poseranno le orecchie su di noi
per ascoltare
che rumore fa
il mare.

A VACANZA CONCLUSA

A vacanza conclusa dal treno vedere
chi ancora sulla spiaggia gioca si bagna
la loro vacanza non è ancora finita:
sarà così sarà così
lasciare la vita?

DEDICHE SENZA POESIE

A Paolo, a Vittoria, a Ada Tommasi che ci leggeva poesie nell'ora di storia, alla Gentilezza, alla Memoria, a mia madre che mentre legge cuce, alla madre di Giorgio, a suo padre lontanovicino, a Giorgio in persona e progetti, a Miryam quando era bambina con Fra, Monica e Ba, con Paolo Novarese, con Paola e Cristina, Elisabetta amica e cugina, a Gabriele, agli zii e alle zie, ai cari Pellegrinelli, Provera e Nodari, a Egle bambina, a Babi mio inizio, a Fausto e Fabrizio, al bosco con dentro mio fratello Fabrizio che suona, a Marzio, a Orietta, Matilde e Susetta, a Doris e Alice, agli Spini, ai Valdesi bambini. Alle mie compagne di scuola Tinini e Farina, a Renato sul palco, a Valentina, a Patricia e Gioxe speciali, come Chiandra e Deep diversi e uguali, a Franco e Ornella, a Crudelucci, Elena, Mirella, a Aura di Ravi e Giacomino, a Mario, a Carla, a Roberto R. nel fumo, a Nessuno. A Luisa, Marghe, Loredana, Danila, ai loro giardini tutti in fila, il mio giardino non c'è più, a F. e ù. A Irlando, Olga, Lavinia e formichine, alle Melusine e auguri di bene alle Ragazze Irene. Ai Montagnani grande famiglia menestrella, alle signore Bassi e Sbattella, a Wlady, alla scuola, alle mie allieve, ai diari di Pieve. A Porte Aperte, a Francesco, a Giulia, Cinzia e Serena, alle poesie di To e di Ti, di G e di P, al mercatino di G, a Maurizio, che ha vinto la mia pigrizia, al Cipa che cura, alla natura, ai fiori, alle libere anatre fuori dalla Mondadori, al risveglio della Bella Italia addormentata, ai nomi che mi sono dimenticata, che correrò a telefonare a Tettamanti, ma lui mi dirà neanche parlarne, escluso, *il Libro ormai è Chiuso, il Libro è Chiuso*.
(1 – continua)

Post Scriptum

Siamo poeti.
Vogliateci bene da vivi di più
Da morti di meno
Che tanto non lo sapremo.

INEDITI

L'albero

alla «bella d'erbe famiglia e d'animali»
Dei Sepolcri, 5

L'ALBERO

Se eri un pioppo
ti sposavo ti salivo
fin lassù, foglie
su foglie avremmo messo:
basta non parliamone più.

Ma se ti sposava, cerimonia
sopra un ramo e sopra i rami
cielo e dentro il cielo luna e dietro
luna ombre di morti in storta fila

morti! morti! li chiamava
sono abbastanza vicino
sono qui!

come erano bianchi i morti
o era la bianca luna? l'albero
le diceva ssss dai dormi
dormi ssss

sotto l'albero via-vai di rane
principi rospi la forma
della luna era vicina che argento
le circondava il sonno di lassù

morti ma come vi hanno messi?
divisi per millennio? per secolo?
per causa di decesso? per precocità?

o siete tutti in disordine come
stracci là? o siete polvere quieta
come di mobili? siete grigi? o d'argento?
siete una polvere bella, sì?

per l'albero era mattino era un mese
tipo aprile con nidi e uova e tutto il resto
e albe e tramonti fin in esagerata quantità

certi giorni lei quasi lo amava certi giorni
non amava nessuno solo il mondo
intero la sua sfericità

guardavano giù il mondo
anche lo erano un po'

una famiglia di lucertole scalava
il tronco madre padre due figli
una quaternità, noia? no

c'erano la vita e la morte la strada
il percorso da qui
a là

che lune più che d'argento molto
molto di più stralucciccava tutto
lassù quassù persino loro i morti
in storta fila come erano bianchi o era
il bianco della bianca luna? il sole
non li dorava più li sbiadiva come bianche foglie

l'eternità li snominava non li chiamava
credo nessuno là va bene vi chiamo io
allora morti sono abbastanza vicino sono qua

ma non ci sentono le orecchie? non vedono
gli occhi là nell'aldilà? una giovane
giovane la riconosceva: De Vita! Daniela! oh quanto
bianca ma anche in vita i suoi bei riccioli
neri luccicavano nell'eternità un vento

un vento forte come un Hoover
spazzava tutto ci piegava tranquilla diceva
l'albero passerà passava eccome passava
tutto e poi tutto ritornava meno loro
gli arrivati primi di lassù, in giardino fiorivano
i figli di Daniela lei appassì morì il vento

forte come un Hoover mostrava in lontananza
la città le case i ricchi ma i poveri
di più milioni di milioni similformiche sulla terra
regnava iniquità comunque anche qua certe notti
i rapaci rubavano nei nidi che sangue all'alba nessuno
pigolava più anche gli uomini salivano ingabbiavano
erano i diavoli dei rami falchi di colombe artigli inoltre

pettirossi in agonia nelle trappole ho visto
alla tv, lì si muore piano più che piano lacerati
guardano il cielo aiutaci su, non riescono a morire

ti prego muori muori ti prego così
di lama non ne senti più ti prego muori il tuo sangue splende
come sole muori muori quando spuntò la luna

era infine morto non sanguinava più luccicava
come non so che come un anello di papa o di re

erano mille e non li guardava il cielo, l'albero
lo avvolse in una foglia sua se lo portò lassù ninna-nanna

ninna-nanna muori-dormi dormi-muori
dorme il pettirosso? no

in due spezzato lo ricomponeva
sotto la luna lo cuciva lo cantava

ninna-nanna muori-dormi dormi-muori
dorme il pettirosso? no

luccicava come soldato nella neve lei gli donò
del fiato e lo sguardo che il cielo non gli dava

se il cielo non ci guarda facciamocelo da noi il cielo il papa
ninna-ò ninna-ò questo insanguinato a chi lo do?

occupatene tu alba portatelo nella tua
eternità non se ne parla era sorda era sterile
come certe maternità e il cielo? lui nevicava
e nevicava senti una zana dondola in città

prendilo allora tu terra con carezze fanne
dei fiori tu sai come si fa due padri mi hai preso
aiola bicolore, quali quali di quei morti siete là? vi hanno
divisi per causa di decesso? per precocità?

o siete tutti in disordine come stracci là? o siete
polvere quieta come di mobili? siete grigi o d'argento?
siete una polvere bella, sì?

la premurosa luna ecco che glieli illuminava
erano belli molto specie uno giovane e biondo
come il sole il più bello di tutti i morti tutti
e si chiamava Dante come Dante che bel nome
padre mio ti chiama sempre la tua bella Rosy sai ma
ti chiama mai qualcuno là?

chiamalo tu alba spicciati di' Dante
ma l'alba niente più morta lei di lui

sorridigli te lo ordino sorrideva
così bene lui quando era qua niente
più morta lei di lui don diceva
un campanile agli addormentati nella neve
idem pietoso ripeteva il fiume Don

dormivano a milioni sotto la bianca
neve senti come non respirano? però
sta spuntando senti erba fina nelle ossa loro
forse trifoglio o lupinella per l'eternità

si dormiva bene sull'albero un bruco
ci camminava eravamo la sua corsia
la sua corte lui era il re lassù logico lei
confondeva i giorni oggi ieri e l'anno duemila
e quanti? lo chiedeva all'albero che rispondeva
chi lo sa, una foglia era un libro il bruco lo leggeva
agli altri non capivo la lingua né lui la mia, ics parità

sabbia fina fina! polvere! morti
li chiamava implorava
la loro polverità

ecco uno prendere forma forse
era bambino aveva come fasce
o forse erano bende di vecchio sporgiti
dal cielo siamo qua tra foglie
e ramo ricordi i nomi foglie? ramo?
ricordi il nome tuo? l'aldiqua?
ma la polvere già perdeva
la sua forma solo il vento l'aveva
smossa un po', si muovevano
le foglie sopra il ramo tremolava in lontananza
una marina quanta beltà e per di più

la luna e l'aria profumata non sarà mica
una di quelle belle sere d'estate? e poi alba
e poi sole e poi luna, che sia al mare

che sia al mare una di quelle belle sere d'estate? oh prima
di morire un morto aveva gridato mare mare voglio dirgli
una cosa prima dell'eternità

di corsa ce lo avevano portato quanto mai non voleva
più saperne di morire patteggiava

cosa vi costa tenetemi ancora un week-end qua

figurarsi poi non ci vide più il mare era lì a un passo tutti
lo vedevano e lui no ma sei cieco? mare lo chiamava

mare è notte o te ne sei andato? torna ti prego torna
ai miei occhi qua, è notte o te ne sei andato?

niente, black-out nei suoi begli occhi
spalancati ci vedeva invece eccome lei, guardava
giù a più non posso il mondo anche lo era un po'

aveva occhi e cuore, mente a suo modo boh
all'albero così andava bene ad altri sì e no, amava
un insetto smeraldino e un colombo
un colombo? sì un piccione embéh? e anche un cane
un gatto un geranio una clivia un sasso non si può?

certi giorni invece non amava nessuno solo il mondo
intero la sua sfericità e di nuovo un colombello bianco
e uno grigio dal collo verderosa e argento pura
beltà baciava le bianche mani
della neve e l'albero specie nelle notti
nere come inchiostro nero quelle senza stelle e zero

luna l'albero come tremante amante
l'abbracciava all'alba passeri a mille in testa e di merli
i becchi d'oro e bianche colombelle e tortore
e fringuelli (inciso: quelli che accecano
per farli cantare di più) laggiù all'alba

obliteravano i biglietti li ciondolava
il sonno della povertà non vedevano albe
né tramonti né puntuali lune signori sanspapiers
abbiate ali come uccelli rami quassù vi aspettano
vi aspetta sazietà come sono sazi i sazi
i ricchi i papa i re in certi bei giorni

della bella estate nascevano neonati color
di certi mattini leggermente
rosati come la nuova nuova Micòl

morti antenati guardate i nuovi nati
siete anche loro no? stesse forme
colori stessi nomi Micòl guarda Micòl

oh che l'infanzia duri più che neve
rosellina di quelle di bosco colombella Micòl

il bel cielo persempre sopra il mare
e persempre il bel mare sotto il cielo mi pare meglio
questa terrestre di eternità

che eccessivo silenzio da lassù o che stiano dicendo
delle cose? forse per loro il silenzio
è lingua e la parola no, certe volte

come sbandante malata si svegliava niente
le faceva male, tutto, un mare un oceano di ex-sogni
le era pianto dentro un'esagerazione di vivi

di morti di umiliati le era pianto ma l'acqua
piano defluiva poi tornava il sole dentro
e fuori un vento leggero un venticello dimenticava

i dimenticati, rideva viveva la lieve vita dell'albero
eravamo foglie liete sotto il sole, l'acqua
era vita non pianto non era autunno sembrava
tipo primavera l'estate guardava i nati
nuovi, Miryam figlia diventata madre fogliolina

color cielo, Miryam dei vivi della vita felice
azzurrità l'armonia era ritornata forse non era del tutto
cieco il cielo ci guardava

allora spalancali su bene quegli occhi
smisurati ma non vedi che macello là? niente
non vedeva niente di sete morivano a milioni cadeva
la bella pioggia solo qua

cos'hai un occhio solo? girati
guarda l'altro emisfero te lo ordino
ti ordino un tris di giustizia-bellezza-bontà

ti ordino una pioggerella leggera
e intendo ora mica nell'aldilà beati
non dopo prima guarda quel bambino

sdraiato hai nome cielo per fare? chiamati norvegia
siberia dov'è la manna che disseta
e sfama? nelle bocche spalancate non c'è dentro
niente, manna non cade giù dal cielo
cade solo nel grande ex-sogno zero, buonanotte
senno buonanotte il sonno ecco ci raccoglie
tutti già il vento ci ninnava addormentava

non amavo nessuno solo il mondo intero voltavo
un insetto capovolto era salvo urrah volava
via gli durava ancora un poco l'aldiqua non mancava
niente era lieto il mondo dai rami si cantava a squarciagola

poi riecco la mancanza, presidenza al quasi
quasi durava la vita quasi un po' pioveva quasi

il cielo ci guardava cinguettava
stop latrati di cani spari lacerata
la gola che cantava, nel nido ma che ore sono perché
non torna? non torna più nessuno qua? cominciava
quell'attesa che non finisce più come lungodegente
dormiva il cielo per l'eternità un infinito letto

confinante con l'est e il sud del niente un celeste letto con zero
amanti dentro immacolate le lenzuola nessuno
a nessuno diceva buonanotte mai, buongiorno dormito bene
mai, eppure infondo non si chiedeva tanto un euro di felicità
buone erano le notti

e buoni i giorni pioveva una pioggerella ovunque
anche al sud del sud all'est dell'est l'erba
viveva lieta, per non farle male l'uomo la schivava
come uomo buono ma va là svegliati fumano

i camini e non per foglie, ma dove? come dove? cos'hai per
fare quei due superflui occhi ma va' va', regnavano eleganti
ladri imbiancati papi e re allora lei basta amava

un bilocale al mare un ombrellone un inviso
piccione color grigio-argento com'era
disperato morta la colombella sua non voleva più
volare via da là le girava intorno e intorno sul selciato
come per dirle alzati bella cosa aspetti l'aspetterà per
l'eternità, amava un piccione una clivia
un cane un sasso un sasso palpitava
più di certi si sa, a volte si ammalava

neri pensieri come acqua nera e nella nera acqua
si perdeva spuntavano pensieri come funghi neri
tutto le girava nella testa non capiva più

oh che l'infanzia se bella duri più che neve

rosa come di bosco rosellina rosa ride la bambina
nuova Micòl

chiara sia la sua notte e senza vento usignoli
a mille un meeting tutto per lei gentile luna dille una gentile
cosa esempio buona la tua notte e poi a fineturno
dille anche buongiorno per un sempre di mattini

spicciati alba segnati l'indirizzo di Micòl
e degli altri, fa' una giustizia sterminata in terra ecco
così GOL! GOL! figurarsi,

curve dolenti figurine camminavano umiliate i giorni
dal persempre al maipiù tempo pressoché scaduto quanti

quanti passi posso ancora fare sentiamo duemila?mille?
cinquecento? ancora meno? eh no! quante
stellate? albe quante? quanti mattini con aprire
gli occhi? quanti cieli in tutto? totale ore?

nessuno che rispondesse al quiz, intanto
il nuovo morto imperterrito mare mare non la finiva
più nel sottosuolo come mancavano le belle sere d'estate
le chiacchiere le luci basterebbe anche solo
un bar

e dei fiori tipo margherite eleggo
le margherite mie preferite attenzione piccole
però di centimetri uno o meno e le viole
e i papaveri e i non-ti-scordar-di-me

e di noi che aspettavamo un dio o un premier equo
buono ma va là una febbre leggera
febbricitava il mondo le sue gote, colline
come rosse guance come d'autunno fard

un venticello increspava il mare il cielo lo guardava
o era guardato o nessuno dei due niente guardava
niente solo le madri i figli mica tutte però parlami
vento come madre buona e poi dimmi piano ssss
dormi come dorme l'addormentata
luna giovinetta bianca in bianche lenzuola
ci addormentava un po' e addormentava il mondo

intero, buona sia la notte e i sogni suoi ma sul locale
partito alle ventidue dalla Centrale emigranti
insonni sbarrati gli occhi leggevano stazioni Carnate Usmate
Osnago Cernusco Olgiate Calolziocorte Vercurago Mandello
Olcio poi quel bianconome Fiumelatte fiu-me-lat-te ridevano
si addormentavano poi che frenata Dervio Piona Colico
Traona Ardenno San Pietro Sondrio finecorsa signori viaggiato-
ri, arrivare? sì e andare dove vi pare peggio per voi che siete nati
e qui arrivati nella nera notte neri cercavano muri buchi nei

muri stalle di Gesù, disperato un asino ragliava finita era
la paglia del mondo ferma era la notte e senza vento
miopi le stelle guarda da una morta

è spuntata una margherita allora era
lei quella margherita? era diventata bella così?
l'erba erano i morti? erano diventati fili belli così?
così tanti e così vicini? la solitudine della vita era finita?
si stava bene fitti fitti così? anche i papi erano diventati
una margherita? anche i re? che strana

quella futura seconda vita con la terra
addosso come un innamorato esagerato
appiccicoso che non ti lascia più e che risparmio

di luce! su cosa ti costa sole fatti vedere
part-time nel sottosuolo qui qualcuno dica fiat
(Fiat?) così luce fiat et sarà rideva

l'albero con lei delle sue parole ssss le diceva
impara dalle mute foglie ssss guarda che voli quella rondine
che show, e lo share? rideva lui e anche lei
rideva ssss dai dormi dormi un po', poco dopo
dormiva lui e poco dopo lei e anche
i fili d'erba e le margherite e i vivi e i morti

per tutti quanti un'addormentata vita l'alba
come sveglia caricata li svegliava su
il latte è pronto e anche il mondo oh il lieve fiato

della vita quanti quanti passanti attorno buongiorno lei diceva
gentilmente che bel freschino vero oggi che

fa? anche all'albero piaceva quel freschino e
alle sue foglie anche di più tremolavano
come trema in lontananza una marina

quanti gentili c'erano lei l'aveva avuto
un gentile (B.M.) nella vita che curava radici
e anche più giù e inoltre Paolo e poi Giorgio
e poi Renato e tanti altri invece un dirimpettaio

aveva traslocato ma lasciato i suoi gerani
là, che sete le tiene d'occhio morte buongiorno
dice a un certo punto dite pure ciao e che sia
finita qua, di morire i petali non erano capaci

ma lo stelo sì fine proprio fine della vita era stata
lunga media breve? era stata breve più
che neve, breve che più breve non si può
mattini sere notti mattini stop

l'albero ascoltava poi le diceva ssss
basta parole sss dai taci un po', poco dopo
dormiva lui e poco dopo lei e anche i fili
d'erba e le margherite e i vivi e i morti per tutti

tutti un'addormentata vita ssss
diceva al mondo ssss dormi dai
dormiamo un po', poco dopo dormiva lui
e poco dopo lei sss diceva dai dormi
dormiamo un po'.

Poesie dedicate

ALLA LUNA I

Oh essere anche noi la luna di qualcuno!
Noi che guardiamo
essere guardati, luccicare
sembrare da lontano
la candida luna
che non siamo.

ALLA LUNA II

Disabitata la luna?
Ma è lei il suo bianco abitante.
Condomina e casa
abitante e abitata
inquilina pallida
finestrella e affacciata.

AL NUOVO MILLENNIO

Meno tre due uno
millennio finito millennio
cominciato. L'ho detto
a un Filo d'Erba sapiente
grande saggio del prato.
Strano, non sapeva niente
né si è meravigliato.
Ha detto ah sì? fine millennio?
grazie, lo dirò al mio prato.

AL PROF. COSTANTINO M.
(ospedale S. Gerardo)

Ma chi – giorno di festa –
tra i rami più alti
dell'ulivo, chi lassù
lavora? Nasi contro
i vetri, in vestaglia
stupefatte lo riconosciamo:
il Primario che ieri ci potò
oggi ci fiorisce.

A C.V. CHE AIUTA I POETI

Guardi fuori manca tanto
e già fanno Natale
un Natale anticipato strano
e Lei anticipatamente ha cambiato
di piano di marciapiede di stanza
lo meritava ma intanto
a me manca, comunque non è poi
così lontano, menomale, e non è
poi così lontano Natale.

A EVGHENIJ SOLONOVITCH
Cartina muta

Quando ero bambina dovevo studiare i fiumi
e il Volga era il più lungo di tutti e dovevo studiare i laghi
e il Bajkal era il più profondo di tutti
e la prof mi diceva su disegnali
sulla cartina, ma la cartina era muta
muta e così bianca e anch'io ero muta
e bianca e guardavo le compagne
e loro mi facevano segno a est ancora più a est
e a nord ancora più a nord e Mosca?
dov'è Mosca? la cercavo la cercavo
e non la trovavo era così grande la Russia!
non la trovavo ma oggi l'ho trovata finalmente
sono qui, però non parlo la lingua e allora resto qui muta
come la cartina muta di allora, va al posto
diceva la prof e capivo che il voto
non sarebbe stato un granché. Non ti preoccupare
mi diceva la mia compagna di banco Daniela
che di cognome si chiamava De Vita, ma che è stata
la prima di tutte a lasciarla, muta,
la vita.

A EMILY DICKINSON

Le finestre oh le finestre
nelle case sono le mie preferite
comanderei che fossero tutte
dico tutte fiorite. E in dicembre
ordinerei per ogni finestra una neve
per ogni neve un millimetro di ramo
per ogni ramo un pettirosso di Emily
per ogni Emily un desiderio avverato:
qualcosa di sacro, di giusto, o almeno
un innamorato.

A SANDRO PENNA

In cerca per affetto con te di affinità
le trovo sì ma rovesciate:
tu le finestre sempre chiuse
buie, io sempre spalancate
tu innamorato di fanciulli sull'erba
io dell'erba, tu di colorate medicine
io di colorate caramelle e delle tue rime
belle in are etto ita, e come ci piaceva,
caro Pennino, la parola
vita.

P.S. ma non potresti per un'oretta ritornare? anche Pecora
ti aspetta è aprile, Piumino, tempo di risuscitare. E facci
sapere se è vero quello che dicevi col tuo mite sorriso:
che è pieno di festosi animali, il paradiso.

A DARIO BELLEZZA
(Ostia Antica, Festival dei Poeti 1995-96)

Cari poeti romani sembra l'anno scorso ma allora
c'era mi pare un po' di vento mentre leggevamo
poesie sotto il firmamento e qui sul palco c'era un poeta
che era un vivente ora è diventato
un poeta morto assente, sul palco non c'è
non parla non sente, gli avevo detto ti trovo
bene Dario come stai? un po' dimagrito avevo pensato
beato, della malattia non sapevo niente ti trovo
bene Dario come stai? "bene bene", scema
non avevo capito niente eppure l'ultimo
suo verso sul palco era stato: *prima di riposarci per sempre.*

cari poeti romani tornando poi a Termini in metrò
ho letto i nomi delle vostre fermate che emozione allora
le ho copiate, la vicina di posto mi guardava come per dire
cosa fa? ma non-romani sentite un po' che nomi: Magliana
Garbatella Colosseo Castro Pretorio Rebibbia Pietralata mi
sono così tanto emozionata che sentivo una specie di magone

esagerata! per un nome? sì per un Nome e per il Tempo e per
la Morte, per il tempo che per mano ti conduce alla morte

cari poeti romani invece a Ostia Antica era il tempo dei versi
della vita, c'erano Giuliani, Pagliarani, la gente batteva
le mani guardavo gli scavi e quei pini giganti
strani dicevo a tutti che pini strani vero? voi dicevate sì
sì strani ma distrattamente come quando mi dite
ti ricordi quel libro e io dico sì sì ma non è vero leggo
ma dimentico le cose mi resta l'emozione ma dimentico
il nome, se lo ricorda il sangue ma la memoria no, però
i vostri nomi del metrò me li ricordo ancora Magliana Castro
Pretorio Garbatella Colosseo Rebibbia Pietralata
e quei pini quei pini che strani, Damiani
in giardino ha una palma che è antica, mi pare che le sono
diventata un poco amica una volta le ho detto buonasera poi
avevo dimenticato una cosa sono ritornata mi è parsa sorpresa
mi ha mosso una foglia che mi abbia salutata? sì sì mi dite
ti ha salutata

cari poeti romani l'anno scorso mi pare che c'era un po' di vento, Carella che spavento aveva perso la busta dei soldi per fortuna l'ha ritrovata in fretta, Zeichen in casa aveva messo
una molletta per reggere un telo così almeno gli pioveva
di meno, e mi ricordo di Castelporziano quando il palco
è caduto piano piano e di Piazza di Siena e ricordo Valentino
vestito di bianco, Cordelli era lì sul palco l'indomani i capelli
gli sono diventati tutti bianchi

cari poeti romani a Ostia Antica era il tempo dei versi
della vita la gente batteva le mani eravamo tutti poeti
viventi, guardate quel pino mi pare che un poco si è mosso eppure non c'è un filo di vento che sia Dario? Caro Bellezza
ti leggiamo poesie sotto il firmamento.

PER AMELIA ROSSELLI

Amelia da vive
non eravamo amiche, tantomeno
nemiche, tu eri sempre
come lontana e anch'io un po' altrove
un po' strana, mi parlava di te Emmanuela
Tandello ricordi? e Sara Zanghì
ti ricordi? ti ricordi i ricordi? Sara
se chiamavi correva come una mamma
con anche Mimma, Daniela, Maria Clelia,
te lo ricordi Amelia? Ti portavano in montagna,
ridevi, perché non chiamarle anche
quel giorno? perché trasformare quell'11
in giorno di marmo, in giorno di morte
di Amelia?

(e dimmelo lo sapevi quella vigilia che l'11
 febbraio era anche il giorno di marmo di Sylvia?)

A UN ALBERO MERAVIGLIOSO

Caro albero meraviglioso
che dal treno qualcuno
ti ha tirato un sacchetto
di plastica viola
che te lo tieni lì stupito
sulla mano del ramo
come per dire
cos'è questo fiore strano
speriamo che il vento
se lo porti lontano.
Ci vediamo al prossimo viaggio
ricorderò il numero
del filare, il tuo
indirizzo, ho contato
i chilometri dopo lo scalo-merci
arrivederci.

«GIVE THE ONE IN RED CRAVAT / A MEMORIAL CRUMB»
(Emily Dickinson)

Emily, dal tetto a triangolo
di Rocco e Magda, do briciole
– anche ai "senza-cravatta"–
in memoria di te. E loro,
bilingui, dicono a me grazie
e a te lassù: thank you.

CARE LUMACHINE

Care lumachine impacchettate
che con Casiraghy per lire quarantamila
vi abbiamo comperate, ma poi di corsa
in un bosco liberate, che vi guardate
attorno stupite, spaventate
che piano piano lungo
un sentiero col batticuore
vi incamminate...

AI GESUITI

Quando i Gesuiti parlano
gli animali piangono.
Ma per non disturbare
piange senza lacrime
il regno animale.

CARO PAPA

Caro Papa ma non vedi
gli occhi disperati
degli anima-li santi
dall'uomo martirizzati?
Tace e tace la Chiesa
presa da altre cure
e San Francesco è morto
cum tucte le sue creature.

A UNA GALLINELLA
(insalata di pollo)

Uno: prendere con delicatezza una gallinella
viva naturalmente, mica siamo iene.
Due: dirle con una vocina non tremare così
non ti facciamo niente
mica ti mangiamo.
Tre: lisciarle un po' le bianche penne
(ma come trema poverina come è spaventata).
Quattro: dirle la vuoi una fogliolina d'insalata?

ALLA BAMBINA CARLA
(che scalava due colline per non sentirli gridare)

Oh maialino vestito di rosa
come un bel fiore
di un bel giardino
con gli occhi azzurri
come il fiore del lino
e pieni di pianto
come un bambino.
Tremano i sassi
a sentirti gridare
non trema l'uomo
non sa tremare.
Con gli occhi azzurri
di fiordaliso
se non ci vai tu
non c'è paradiso.

ALLA MIA MAMMA DRITTA COME UN FUSO

La mia mamma cammina
dritta come un fuso
o come una Rosa dal lungo
lungo stelo. Le spine della vita
l'hanno ferita, ma lei cammina
dritta elegante intemerata
e come profumata rosa
profumata.

AL MIO BABBO DANTE MORTO A 34 ANNI

Sembravi lontano dalla morte miglia
e miglia invece babbo mi sei morto
in un batter di ciglia.

ALLA MIA BAMBINA

La mia bambina ha un lungo collo
come i bianchi cigni.
E come loro chiede con eleganza
cibo e sguardi. L'acqua la guarda
leggera scivolare e anche il cielo
la guarda e anch'io e la chiamo ki-
ki come bianco cigno.

PER LE NOZZE DI MIRYAM E GIORGIO
(sei sei del novantasei)

"E se piove mamma?" Se piove
figlia se fili dal cielo
scenderanno se nuvole grigie
vi avvolgeranno fa niente
non ti ruberanno il bianco
vestito né l'anello dal dito
non ruberanno la sposa
allo sposo né lo sposo
alla sposa un furto
d'azzurro a una sposa
felice, che perdonabile cosa.

A MIRYAM CHE SUONA IL CLARINETTO

Alt, fermati tempo qui sull'oro
dei capelli, sull'argento
della nota, su Micòl che guarda
la madre, tieni tempo lunga la nota sospesa
nell'aria, tieni tonde per l'eternità le guance
della figlia, e della figlia della figlia che soffia
come la mamma e ride come il papà, tieni
tempo tra le tue braccia la danza
di nonna e nipote, tieni tutti riflessi
nella sfera rossa di Natale, tieni
tieni tempo lunga la nota
il soffio vitale.

A MICÒL

Buongiorno vita, vita
nuova nata. Il latte
è pronto e un padre e quasi
tutto il resto. Brindo
con i gerani e con la clivia
in fiore. Dose d'acqua
doppia a tutti oggi!

A MICÒL ROSELLINA

In un roseto di acuminate
spine la più bella delle più belle
roselline mi profumava tutta l'aria
intorno faceva belle anche le ferite
delle spine e luccicare il sangue
tutto intorno faceva bello dei belli
il mio quartultimo giorno.

A LIVIA CANDIANI

Infanzia età felice?
Ma se si piange sempre
sempre giorno sera notte mattino!
per l'infanzia ci vuole
un ombrellino.

A DANIELA CAMINADA

che ci legge tanto

È quasi facile fare una poesia
basta prendere un pezzetto
di carta e una matita, è come
per la terra fare un filo d'erba
una margherita.

A GIORGIO CAPRONI

Se sul treno ti siedi
al contrario, con la testa
girata di là, vedi meno
la vita che viene, vedi
meglio la vita che va.

AI NOSTRI NOMI

Verso la sera della vita
nomi e cognomi li dimentichiamo
per esercitarci a quel silenzioso
mondo addormentato
dove nessuno chiama
né è chiamato.

242

ALL'ULTIMO ESAME

Se sono stati capaci tutti
sarò capace anch'io
nessuno è stato bocciato
tantomeno quaggiù rimandato
(magari essere rimandati sfuggire!)
capaci tutti proprio tutti,
di morire.

ALLE PRATOLINE

Fioriremo fioriremo
nella gentile terra fioriremo tutti
tutte ogni mattina, io spero
alle sette, di fiorire
pratolina.

CARA TERRA

Cara terra, nostra futura
copertina gentile, non in tinta
unita, a fiori e foglie i ricami
preziosi con i quali ci dirai per sempre
buonanotte.

Post Scriptum

*Le con lei sotterrate
poesie non finite
speriamo che in aprile diventino
delle margherite.*

Note

Aprile dal bel nome: i "nomi curiosi" della prima poesia: Vivian perché, anche se illegittima, dovevo vivere; Daisy perché significa margheritina di prato e a Tesero quando sono nata ce n'erano tante; Donata perché donata.

Amavo il gesso: per i "tanti cognomi" Comba (della madre naturale), Provera (del padre adottivo), Pellegrinelli (della madre adottiva che concluse l'adozione dopo la morte del marito).

Conoscendo la madre: a 19 anni la vidi per la prima volta.

Il primo mio amore erano due: Jürgen e Bernd Becker, a Colonia, amore adolescenziale, ma qui si allude anche alle due madri.

IL SIGNORE D'ORO e IL SIGNORE DEGLI SPAVENTATI

Tra l'84 e l'86, agli inizi della terapia analitica junghiana, scrivevo ogni giorno al mio Dottore lunghissime lettere. Invitata, dopo un po' di tempo, a diminuirne il numero, un po' ubbidendo un po' disubbidendo scrissi duecento "signori": 80 sono nel *Signore d'oro* (Crocetti), ottanta li ho accantonati, quaranta sono nel *Signore degli Spaventati*.

POESIE DANDO DEL LEI

14 febbraio 1984: inizio analisi. Aprile '84: prime Poesie dando del lei, incrociatesi successivamente con i versi del *Signore d'oro*.

UNA QUIETA POLVERE

Titolo originario *Questa quieta polvere* («This quiet dust» di Emily Dickinson).

«Questa quieta polvere»: le cinquantatré citazioni che qui nel

testo figurano in corsivo sono state tratte, nell'ordine, da: J. e
W. Grimm, Fiabe Piemontesi, A.N. Afanasjev, A.N. Afanasjev,
Poesie Giapponesi, Poesie Giapponesi, J. e W. Grimm, M. Cve-
taeva, Poesie Giapponesi, Fiabe Piemontesi, E. Dickinson, E.
Dickinson, H.C. Andersen, A.N. Afanasjev, E. Dickinson, E.
Dickinson, E. Dickinson, E. Dickinson, L. Carroll, L. Carroll,
L. Klobas, Fiabe Piemontesi, E. Dickinson, L. Carroll, A.N.
Afanasjev, H.C. Andersen, L. Carroll, E. Dickinson, E. Dickin-
son, E. Dickinson, H.C. Andersen, A.N. Afanasjev, Fiabe Pie-
montesi, L. Candiani, L. Candiani, E. Dickinson, H. Hoffmann, H. Hoffmann, Anonimo, Fiabe Piemontesi, L. Carroll,
L. Candiani, L. Klobas, H.C. Andersen, Giochi Proibiti, L. Klobas, E. Comba, Storie dei Valdesi, E. Comba, Storie dei Valdesi, Ecclesiaste, L. Carroll, L. Carroll, J. e W. Grimm.

Quanto cara mi è questa finestra: scritta su committenza di
Vincenzo Guarracino che sta raccogliendo parodie dell'*Infinito*
leopardiano.
Girotondo: scritta su committenza di «Repubblica» che la pubblicò il 3 novembre 1990, in occasione della Guerra del Golfo.
Testamento: scritta su committenza del «Corriere della Sera»
che la pubblicò il 26 aprile 1992.

L'ALBERO

«pettirossi in agonia nelle trappole» = agghiacciante servizio te-
levisivo (vengono poi venduti ai ristoranti per polenta e osèi).

POESIE DEDICATE

«cartina muta»: scritta a Mosca, per il Festival di Poesia 1999.
Care lumachine: è anche il Pulcinoelefante n. 4347.
«Sylvia»: si tratta di Sylvia Plath, morta suicida lo stesso giorno e mese di Amelia Rosselli, ma nel 1963.
«ai gesuiti»: dopo una loro ennesima dura dichiarazione contro il regno animale.

Immagine di copertina:
Feci questo disegno in analisi, nel 1985. Lo studio del mio
Analista è effettivamente sotto il livello stradale di qualche gra-
dino. Vedi edizioni Pulcinoelefante n. 3680.

INDICE

Il signore d'oro

Il signore degli spaventati

Poesie dando del Lei

I